QUELS REPÈRES DONNER À NOS ENFANTS DANS UN MONDE DÉBOUSSOLÉ ?

DU MÊME AUTEUR

Maman, j'ai peur ! – Mère anxieuse, enfant anxieux
Éditions du Félin, 1991

Si l'huile flotte sur l'eau, c'est pour apprendre à nager
Éditions Critérion, 1994

Du Berceau à l'école – Les chemins de la réussite
Albin Michel, 1995

Jean-Luc Aubert

Quels repères donner à nos enfants dans un monde déboussolé ?

Albin Michel

Collection « Questions de Parents »
dirigée par Mahaut-Mathilde Nobécourt

22 rue Huyghens, 75014 Paris

ISBN 2-226-08905-5

L'auteur remercie pour ses conseils et son soutien le docteur Christiane Doubovy

I

Des repères, pourquoi et pour quoi faire?

Il est beaucoup question, en cette fin de siècle, des repères. Qu'il s'agisse de la violence, des sectes, de la délinquance ou même de la toxicomanie, la notion de repère est toujours évoquée. Surtout lorsqu'on parle des enfants : quels repères leur donner? Comment faire pour les structurer dans ce monde en pleine mutation? Quelle doit être notre attitude face à l'éducation? Doit-on réprimer, laisser faire ou prévenir?

Des enfants, nous en rencontrons tous les jours; leurs parents, nous les voyons régulièrement; avec les enseignants, nous parlons quotidiennement. Leur observation et les échanges que nous avons avec eux nous amènent à constater chez certains un réel désarroi pendant que d'autres semblent traverser ce monde avec une sérénité réjouissante. Notre question est donc celle-ci : pourquoi les premiers sont-ils aussi déstabilisés pendant que les seconds semblent résister à toutes les épreuves? Ce qu'ils nous ont dit, ce que nous avons pu noter de leur personnalité et de leurs comportements nous permet, aujourd'hui, d'affirmer que la faiblesse des uns et la résistance des autres trouvent leur origine dans la présence, ou non, de repères solides. Les uns sont solidement armés face à l'adversité pendant que les autres ne lui opposent aucune résistance.

Notre propos, dans cet ouvrage, va être de dégager les repères qui vont permettre à l'individu – et plus précisément l'enfant – de trouver sa place dans le monde d'aujourd'hui et celui de demain. Mieux : de trouver sa place et du plaisir dans ce monde-là.

Des repères, oui, mais quels repères ?

Parler des repères est belle et bonne chose. Oui, mais de quoi parle-t-on ? Que met-on derrière ce mot ? De quels repères s'agit-il ?

Ce qu'il faut retenir, dans un premier temps, c'est que les repères revêtent plusieurs formes et ont plusieurs objectifs. On peut distinguer trois formes de repères :

– les repères humains,
– les repères matériels,
– les repères abstraits.

Ainsi, le premier repère humain du bébé, c'est sa maman. Il est même SON repère capital. C'est elle qui va l'aider à se construire (physiquement et psychiquement) et c'est elle qui va lui donner son identité. C'est elle encore qui va l'aider à passer de la dépendance à l'indépendance. Elle sera (ou non) soutenue en cela par le papa qui, de ce fait, deviendra le deuxième repère humain fondamental pour le tout-petit. C'est à travers ce que va lui renvoyer sa maman puis son papa que l'enfant va se structurer. Par la suite, il rencontrera d'autres humains qui seront autant de points de repère dans son processus d'humanisation. Leur impact, c'est vrai, sera moindre que celui des parents, mais il ne sera pas négligeable : ce seront des grands-parents, des oncles et tantes, des professeurs, etc.

On imagine déjà en quoi il est important que ces repères soient globalement solides, globalement sains et globalement constants. **De la continuité et de l'homogénéité de leur présence dépend, pour l'enfant, la possibilité de se construire de façon continue et homogène.**

Si le ou les parents sont sains, ils vont constituer des repères sains pour l'enfant. Si, pour une raison ou pour une autre, ils ne le sont pas, le petit aura les plus grandes difficultés à trouver la sérénité et l'épanouissement subséquent. (Par parent(s) sain(s), il faut entendre le ou les parents qui ne sont pas en proie à des conflits personnels ou relationnels conséquents et déstabilisants pour eux et/ou pour les autres...). C'est, d'abord, de la solidité de ce premier repère humain qu'est la maman que dépend l'avenir de l'enfant. Ce sont ensuite tous les objets, les lieux qui contribuent, par leur présence, à la sécurité de l'enfant et à son plaisir. L'illustration la plus frappante de ce type de repère peut être donnée par le fameux «doudou» du tout-petit. Ce «doudou», appelé «objet transitionnel» en termes techniques, a pour vertu de rassurer l'enfant. De sa présence ou de son absence dépend sa quiétude. Quelle maman ne connaît pas cela? Quelle maman ne connaît pas les drames engendrés par l'oubli de ce bout de chiffon sale et, parfois, malodorant que l'enfant serre amoureusement contre lui, un pouce dans la bouche ?

Ces repères matériels peuvent prendre, bien sûr, d'autres formes : ce peut être ce vêtement qu'on chérit particulièrement, ce meuble auquel on tient, cet objet dont on ne saurait se passer. L'enfant a les siens, mais l'adulte également. Ces objets familiers sont autant de points de repères qui, lorsqu'ils sont là, nous rassurent. On lira ci-dessous avec intérêt que Freud lui-même n'échappait pas à cette règle.

Freud ou tout le monde a besoin de repères

Sigmund Freud est né le 6 mai 1856 à Freiberg en Moravie. En réalité, à sa naissance, il s'appelait Sigismund : à l'âge de 22 ans il optera pour le prénom de Sigmund.

Ce que nous apprennent ses différents biographes c'est, bien sûr, l'histoire de l'homme, mais aussi l'histoire de sa fabuleuse découverte : la psychanalyse. En ce sens, Freud est un créateur et il connaissait les angoisses que tout créateur peut connaître en quittant des points de repères traditionnels pour en créer de totalement nouveaux. Lors de ses échanges épistolaires avec l'oto-rhino-laryngologiste Wilhelm Fliess, il fait d'ailleurs souvent état de ses angoisses de mort.

Trois passions sont bien connues dans la vie de Freud : il aimait voyager, collectionner les objets anciens et c'était un invétéré fumeur de cigares. On peut comprendre son goût des voyages. Curieusement pourtant, il ne les entreprendra qu'à l'âge de quarante ans. C'était certainement pour lui un moyen de « prendre de la distance » par rapport à sa recherche. En s'éloignant de son cabinet, il s'éloignait aussi de la psychanalyse.

De ses voyages il rapporte bon nombre d'antiquités qu'il collectionne ; avec elles il orne son bureau. Parfois même « lorsqu'il partait en voyage, nous dit l'un de ses biographes, Georg Markus*, Freud prenait soin d'emporter avec lui quelques objets, même s'il ne s'agissait pas des plus précieux ». On peut penser, à travers cette assertion, que Freud avait, lui aussi, ses **objets transitionnels** (voir p. 65).

Pour ce qui concerne sa passion de l'archéologie et des antiquités, on peut faire l'hypothèse qu'en allant à la découverte de l'inconscient il allait vers l'inconnu : son goût immodéré des objets anciens, d'une certaine façon, le rassurait. On peut supposer que plus il avançait dans sa découverte, plus il se raccrochait au passé ; on peut aussi faire un rapprochement entre les fouilles archéologiques et la recherche des profondeurs de l'inconscient. Au début de son auto-analyse il fait le parallèle en écrivant à Fliess : « Je n'ose pas encore y croire vraiment. C'est comme si Schliemann** avait une nouvelle fois mis au jour les ruines légendaires de Troie. »

Quoi qu'il en soit, ces objets qu'il aimait accumuler et

* Georg Markus, *Sigmund Freud*, Albin Michel, 1994.
** Heinrich Schliemann, archéologue allemand né en 1822, découvrit le site de Troie.

qui lui tenaient tant à cœur étaient pour lui comme autant de repères matériels chargés d'une forte valeur affective. On a d'ailleurs l'illustration de cette hypothèse dans sa *Psychopathologie de la vie quotidienne* qu'il rédigea en 1901. Un jour, alors qu'il écrit à un ami qu'il avait froissé, Freud brise une figurine égyptienne. Aussitôt le psychanalyste interprète : « [...] Le malheur accompli, je compris que je l'avais provoqué pour en éviter un autre, plus grand. » Ce malheur plus grand, c'est la perte de l'ami en question. Pourtant, il s'empresse d'ajouter : « Heureusement l'amitié et la figurine ont pu être réparées. » Ce faisant, il met sur un pied d'égalité l'amitié et la figurine. On ne peut faire de démonstration plus brillante de la charge émotionnelle dont étaient empreints ses « chers objets ».

La troisième passion de Freud était consacrée au cigare. Il en fumait, nous dit-on, jusqu'à vingt par jour !... Quand on connaît la durée de combustion d'un module, on peut parler, ici, de véritable dépendance. À son ami, le docteur Fliess, qui lui recommandait régulièrement d'arrêter sa funeste habitude, il écrit, en 1883 : « Je continue de fumer, malgré ton interdiction. Penses-tu que ce soit un grand plaisir que de passer de longues années dans la détresse ? » Ainsi, sans ce rituel, le psychanalyste ne parle ni plus ni moins que de détresse... Une autre fois, il insiste : « Du jour de ton interdiction, je n'ai pas fumé pendant sept semaines. Comme je m'y attendais, au début cela se passa mal : troubles cardiaques, mauvaise humeur et détresse consécutive à l'abstinence [...] J'étais incapable de travailler, j'étais un homme fini

[...]. » Le 20 avril 1923, il subit une première opération de la mâchoire : il souffre d'un cancer dont la douleur le poursuivra jusqu'à la fin de ses jours.

Après plusieurs opérations on lui pose une prothèse dentaire, mal adaptée semble-t-il. La souffrance continue. Georg Markus nous dit : « Freud ne pouvait manger, boire et parler qu'au prix d'énormes efforts. Et fumer également ! » Puis il ajoute : « Même après ces tortures, Freud ne parvient pas à se déshabituer de sa drogue, la nicotine, qui avait vraisemblablement tout déclenché : il continua comme par le passé à déguster ses cigares. » Il en vint même ultérieurement à « ouvrir son dentier avec une pince à linge pour placer un cigare entre ses lèvres ».

Jusqu'au bout, donc, il sacrifie au rituel du cigare. Là encore on peut penser que, outre la dépendance physiologique, s'était ajoutée une dépendance psychologique. Lors d'une conférence un étudiant lui demanda si le fait de fumer un cigare n'avait pas un rapport avec le stade oral... Ce à quoi Freud aurait répondu : « Un cigare n'est parfois qu'un cigare... » Même si l'interprétation de l'étudiant n'était pas parfaite, on peut supposer que, malgré le processus défensif de déni mis en place par S. Freud, les cigares qu'il fumait représentaient, quoi qu'il en dise, autre chose que des cigares...

Même si l'on exclut cette dernière passion quelque peu envahissante on s'aperçoit, à la lecture de ces lignes, que tout le monde a besoin de repères et que, même s'ils paraissent banals (objets, cigares), ils portent en eux une dimension rassurante, sécurisante. Leur présence, leur mise en scène, les rituels qui les accompagnent sont autant de jalons sur le chemin de la sécurité...

Les repères peuvent revêtir une forme abstraite. Dans ce cadre entrent ceux qui ont trait aux productions de l'esprit : les croyances, les convictions religieuses, politiques, philosophiques, la culture, font partie de ceux-ci. On verra qu'ils sont tout aussi nécessaires que les repères humains et matériels, car ce sont eux qui, souvent, donnent un sens et du sens à la vie.

Au vrai, si le repère humain est fondamental, tous les repères sont importants. Il faut savoir, en outre, qu'ils agissent en général de façon concomitante. Quand une maman se penche sur son bébé dans son berceau, elle est, pour lui, LE repère qui va l'aider à grandir, mais le berceau dans lequel il se trouve, les odeurs, les couleurs, les sensations que lui apporte son environnement auront aussi leur incidence. Qu'ils changent et il éprouvera un sentiment de malaise...

Freud, dont nous venons de parler, avait beau trouver de grandes satisfactions intellectuelles dans l'avancée de ses recherches, il n'en éprouvait pas moins pour autant la nécessité d'avoir des repères aussi modestes que quelques objets anciens et son lot quotidien de cigares...

Des repères pour quoi faire ?

Les repères ont des fonctions multiples. Ils sont là un peu comme les bornes et les poteaux indicateurs qui délimitent la route et indiquent le chemin à suivre. Sans eux, l'enfant – et l'adulte – peut se perdre. Ils sont les éléments qui nous permettent d'avancer sans angoisses massives. Supprimons les bornes et les poteaux indicateurs et l'enfant est perdu… à l'instar du Petit Poucet qui, pour retrouver sa maison, avait besoin de semer des petits cailloux blancs.

Nous y reviendrons plus longuement dans les chapitres III et suivants, mais **on peut d'ores et déjà dire que le but premier des repères est de rassurer, de sécuriser. C'est fondamental.** Car de cette sécurité dépendra la capacité de l'enfant – et la nôtre – à s'ouvrir au monde, à s'intéresser à l'extérieur, aux autres. Un enfant qui n'a pas ce sentiment de sécurité mobilisera toute son énergie à se rassurer. Cette énergie sera de l'énergie perdue pour l'école, pour ses relations avec son entourage. Pour le bébé, ces repères que sont la maman, le berceau et son environnement contribuent, d'abord, à le sécuriser.

En second lieu, les repères vont structurer la personnalité, lui donner une identité forte sans, pour autant, la rendre dépendante. En clair, ils vont faire de ce petit très dépendant qu'est le bébé un être humain à part entière qui pourra s'affirmer en tant que tel. C'est ainsi que le petit pourra dire « non » et « je » qui seront les premiers signes de son affirmation. Notre maman, penchée sur le berceau, participe de cela en parlant avec le tout-petit, en l'appelant par son prénom, en dialoguant. Par ce dialogue, le bébé ressentira, déjà, qu'il est une personne. En passant du « mon bébé » à « bébé », puis à Arthur, Juliette ou Noémie, le bébé deviendra effectivement Arthur, Juliette ou Noémie. Il pourra alors exprimer ses désirs, ses opinions et il saura parfaitement qui il est et où il se situe.

Une autre fonction du repère est de donner à l'enfant le sentiment, voire la conviction, d'appartenir à une famille, à un groupe social et d'y avoir un véritable rôle à jouer. Nos petits Arthur, Juliette et Noémie sauront ainsi qui est maman, comment elle s'appelle, qui est leur papa, qui sont leurs grands-parents, leurs oncles et tantes, qui fait quoi et où dans la famille... Et ils sauront ainsi que lui Arthur, qu'elle Juliette, qu'elle Noémie font partie intégrante de ce groupe, qu'ils sont importants pour ce groupe et qu'ils ont leur rôle à jouer au sein de celui-ci.

On ne mesure pas à quel point **ce double sentiment d'identité et d'appartenance est important pour l'enfant.** Ces repères qui lui apportent ces sentiments sont capitaux, car ils en feront, ultérieurement, un enfant, un adolescent puis un adulte à part entière, sûr de lui, ayant des convictions, une capacité d'analyse et de recul nécessaires à un rôle sain, actif, au cœur de la société. Sans ces sentiments, l'enfant, l'adolescent puis l'adulte seront influençables, fragiles, à la merci d'individus, de groupes pas forcément bienveillants qui leur donneront l'identité et le sentiment d'appartenance dont ils sont privés.

Tout au long de ces pages nous montrerons comment, peu à peu, les mettre en place.

Enfin, le quatrième but des repères est d'apporter du... plaisir. On ne peut que se réjouir à l'idée d'un tel programme mais, c'est vrai, les repères ont aussi ce rôle : donner du plaisir. Ainsi, maman, penchée sur le berceau et faisant des petites « chatouilles » sur le ventre de son petit lui apportera du plaisir. Ce contact corporel apportera une sensation agréable au bébé. Et, parce qu'il apporte du plaisir, on parlera de repère hédonique ; l'hédonisme étant le goût du bonheur.

Car il nous faut tout de suite tordre le cou à une idée reçue : le but des repères n'est pas de mettre des carcans, il n'est pas d'entraver l'enfant ; il est de baliser son chemin afin de le rendre plus serein, plus sûr et plus joyeux. Un enfant perdu n'est pas un enfant heureux ; un enfant entravé ne l'est pas davantage. L'est, en revanche, celui qui connaît la route à éviter, qui sait comment surmonter tel écueil, qui sait vers où se diriger, d'où il vient et pourquoi il fait tout cela.

Repères sains et repères malsains

Il nous faut, dès à présent, faire une mise au point : il existe des repères sains et des repères malsains. Le repère malsain se caractérise essentiellement par le fait qu'il aliène l'individu, qu'il lui ôte toute personnalité, tout libre arbitre. Les sectes, les religions fanatiques, les groupes délinquants font partie de ceux-là. Dans ces groupes malsains l'individu n'a plus d'identité propre, il n'a plus le choix, il n'a plus de liberté. Son identité et ses choix sont dictés par le groupe. Le plus souvent, sinon toujours, dans le but de donner le pouvoir et/ou l'argent à un ou quelques personnages peu scrupuleux. Ces derniers se servent de la fragilité de certains de leurs semblables pour leur donner un faux sentiment d'identité, un faux sentiment d'appartenance. Qui plus est, la plupart du temps, ils renforcent la cohésion du groupe en se servant du principe du bouc émissaire : un autre ou quelques autres sont responsables de tous leurs maux. L'encadré ci-après nous explique comment fonctionne ce principe.

Le repère malsain, au contraire du repère sain, met l'individu au service de sa cause et de ses agissements. Il l'asservit, il le rend dépendant, esclave. Il gomme son identité propre. Sur le plan individuel nous évoquons plus loin le cas de Camille Raquin (voir page 38) : on verra, à sa lecture, comment une mère trop possessive peut rendre un enfant – puis un adulte – dépendant, immature, influençable et sans grande personnalité.

On peut aussi considérer comme repère malsain ceux qui apportent un faux plaisir. Dans ce cadre, tout ce qui est lié à la toxicomanie trouve sa place. Qu'il s'agisse de

Le bouc émissaire

Toutes les dictatures et tous les groupes extrémistes se sont toujours et de tout temps servis du principe du bouc émissaire. L'exemple le plus frappant – le plus dramatique aussi – est celui qu'a utilisé le nazisme. En désignant les juifs comme l'ennemi, A. Hitler créait une union artificielle, certes, mais efficace : en les accablant de tous les maux dont était victime l'Allemagne, il créait contre eux un consensus auquel un pays – fragilisé par une grave crise économique – a adhéré pour une large majorité...

Les dictateurs ou les leaders peu scrupuleux savent qu'en désignant un bouc émissaire ils vont rallier autour d'eux des êtres qui vivent mal psychologiquement une situation. Si tout va mal (ou moins bien), c'est bien à cause de celui-ci ou de celle-là. Cette « recette », vieille comme l'homme, a toujours fonctionné et, malheureusement, fonctionnera sans doute toujours.

Elle est utilisée aujourd'hui par de nombreuses sectes et par des partis politiques extrémistes : le groupe se construit contre l'autre. C'est l'autre qui est néfaste, c'est l'autre qui est la cause de toutes les souffrances... (l'extérieur pour la secte, l'étranger pour les partis politiques extrémistes).

Sans aller aussi loin et en se remémorant de simples souvenirs de classe : n'avions-nous pas, nous aussi, nos boucs émissaires, nos « têtes de turc » ? Peut-être même nous est-il arrivé d'en être la victime. Car il n'est pas de meilleur ciment, pour un groupe, que de s'allier contre quelqu'un. Même si, on le verra, ce ciment-là, en dehors d'être injuste, est très artificiel.

En utilisant ce principe simpliste, facile à faire accepter car ne remettant pas en cause les individus concernés, cela permet d'éviter de s'atteler aux vrais problèmes qui sont, bien évidemment, extrêmement complexes : ils demandent une remise en question de tous les membres de la communauté pendant que le principe du bouc émissaire ne remet en question qu'un seul individu. Si cela est confortable pour le groupe, le principe est condamnable. Il faut savoir, de plus, qu'il ne règle en rien les problèmes : il ne fait que les masquer provisoirement.

l'abus d'alcool ou de la drogue, ces «plaisirs»-là sont fallacieux : ils n'existent que pour répondre à un malaise ou à une angoisse profonde; l'alcool ou la drogue ne résolvent que temporairement un problème beaucoup plus profond. Par ailleurs on connaît les problèmes de dépendance qu'ils engendrent. Celui qui les utilise et en abuse n'est plus maître de la situation : il en est l'esclave. Celui-ci – ou celle-là – est certainement très fragile et aurait besoin d'une véritable aide psychologique.

Le repère est encore malsain quand il devient obsession. On peut parfaitement illustrer notre propos à travers le cas d'Harpagon dont Molière nous décrit les travers dans *L'Avare*.

Harpagon ou quand l'argent vaut plus que de l'argent

Dans l'abondante littérature que nous a laissé ce premier grand psychopathologiste qu'a été Molière*, Harpagon est un personnage intéressant car il nous fait comprendre en quoi un repère matériel – l'argent – peut être malsain. Pour l'Avare, l'argent est LE repère majeur. On peut faire l'hypothèse que, pour Harpagon, l'argent est ce qui donne sens à sa vie. C'est à travers lui qu'il

* En effet, la plupart des pièces de Molière mettent en scène, sur un mode comique, des personnages névrosés (*Tartuffe*, *Le Malade imaginaire*, etc.). Plus loin nous parlerons du *Bourgeois gentilhomme* et de *Don Juan*.

existe, qu'il a le sentiment d'exister ; il a, de ce fait, une valeur affective qui dépasse, de loin, sa valeur purement matérielle. Là où l'argent n'est, pour quiconque, que de l'argent, il est beaucoup plus pour l'Avare. Il est SA raison de vivre. Rappelons, ici, la tirade qui est sienne après qu'on lui a volé la fameuse cassette :

« Au voleur ! Au voleur ! À l'assassin ! Au meurtrier ! Justice, juste ciel ! Je suis perdu, je suis assassiné ! On m'a coupé la gorge, on m'a dérobé mon argent ! Qui peut-ce être ? Qu'est-il devenu ? Où est-il ? Où se cache-t-il ? Que ferai-je pour le trouver ? Où courir ? Où ne pas courir ? N'est-il point là ? N'est-il point ici ? Qui est-ce ? Arrête ! *(Il se prend lui-même le bras.)* Rends-moi mon argent, coquin !... Ah ! C'est moi. Mon esprit est troublé, et j'ignore où je suis, qui je suis, et ce que je fais. Hélas ! Mon pauvre argent, mon pauvre argent, mon cher ami, on m'a privé de toi ! Et, puisque tu m'es enlevé, j'ai perdu mon support, ma consolation, ma joie ; tout est fini pour moi, et je n'ai plus que faire au monde ! Sans toi, il m'est impossible de vivre. C'en est fait, je n'en puis plus, je me meurs, je suis mort, je suis enterré ! N'y a-t-il personne qui veuille me ressusciter en me rendant mon cher argent, ou en m'apprenant qui l'a pris ? »

Harpagon l'avoue : « Et, puisque tu m'es enlevé, j'ai perdu mon support, ma consolation, ma joie ; tout est fini pour moi, et je n'ai plus que faire au monde ! Sans toi, il m'est impossible de vivre. » Si un tel excès fait rire le spectateur, il est clair qu'Harpagon exprime, lui, une réelle souffrance. Son argent (et à travers lui tous ceux pour qui l'argent représente un repère capital), c'est sa vie. Ce qui paraît absurde à son entourage est, pour lui, vital. Car, pour l'Avare, l'argent est plus que de l'argent : il lui donne, très inconsciemment, une valeur affective capitale pour lui. Lorsqu'on a compris cela, on comprend aussi à quels excès cela peut le mener.

Le cas d'Harpagon nous permet de faire un certain nombre d'observations :

– Pour l'Avare, c'est clair, l'argent est un repère. C'est même son seul repère. C'est un repère malsain dans la mesure où il induit de la dépendance de la part de son possesseur. Par ailleurs on apprend – même si le sujet est traité sur le mode de la comédie – que l'argent d'Harpagon perturbe toutes ses relations avec autrui en même temps qu'il lui enlève toute sérénité. **Dépendance, fausse sécurité et aliénation sont les caractéristiques du repère malsain.**

– Si l'on pousse notre analyse plus loin, on peut faire l'hypothèse que, par un phénomène de déplacement, l'argent a pris, pour le personnage de Molière, une véritable dimension affective. Chez certains enfants on rencontre cela. Ce sont ces petits garçons ou ces petites filles à qui l'on donne tout ce qu'ils veulent sur le plan matériel, mais pas l'affection dont ils ont, avant tout, besoin. Pour eux, l'argent, le matériel, les jouets, les bonbons, prennent la place de l'affectif. Et, pour cette raison, c'est un besoin sans fin, jamais assouvi. Pour eux aussi, il devient un repère (et un plaisir) malsain dans la mesure où il comble un manque...

Le ou les parents apprendront au cours de ces pages à

distinguer le repère sain du repère malsain et les mille et une façons de les communiquer à leurs enfants.

On peut, dès maintenant, donner une définition des repères sains : **les repères sains sont l'ensemble des éléments qui structurent l'individu, lui donnent une identité et donnent un sens et du sens à sa vie. Ils n'entravent pas sa liberté ni celle d'autrui et font de lui un acteur à part entière dans la société des hommes.**

Un problème actuel crucial

Si la question des repères se pose, en cette fin de XXe siècle, de façon cruciale, c'est parce que les repères traditionnels ont été bouleversés.

Ce dont il faut prendre conscience, c'est que l'homme, pendant des décennies voire des siècles, a fonctionné avec des repères solidement établis et assez peu remis en question. Dans ce contexte, il pouvait se situer par rapport à eux. Il savait (ou, plus exactement, il croyait) qu'ils étaient des valeurs immuables, solides, irréfutables. Il croyait en ces valeurs, pouvait s'y référer, s'appuyer sur elles et avancer dans la vie avec des pseudo-certitudes.

Les hommes, de génération en génération, suivaient globalement le même chemin que leurs prédécesseurs. D'ailleurs, les repères, les valeurs, étaient transmis par voie orale, de parents à enfants et ce qui était vrai pour les uns était souvent admis comme tel pour les autres. De plus, il n'y avait pas la diversité des médias que l'on connaît désormais et l'ouverture au monde était souvent limitée au village ou au quartier; s'ajoutait à cela un niveau de culture moindre que celui que l'on connaît depuis quelques dizaines d'années.

L'ensemble de ces paramètres mettait l'individu au cœur d'un système de repères qui ne changeait pas de façon fondamentale et qui lui semblait comme le seul vrai et acceptable. Il se rassurait et se structurait à travers lui et trouvait un sens et du sens à sa vie grâce à lui. Ces valeurs avaient pour nom famille, éducation, croyances, travail : ils sont sérieusement remis en question aujourd'hui. Qu'on en juge :

– **La famille est sérieusement déstabilisée.** Le travail des femmes a éloigné de nombreuses mères du foyer familial. Aujourd'hui, le nombre de familles monoparentales se multiplie. D'après l'INSEE on est passé de 39000 en 1973 à 1 100 000 lors du recensement de 1990 : qu'en est-il aujourd'hui? Le repère famille traditionnelle avec le père et la mère travaillant au foyer a fonctionné pendant des siècles : le moins que l'on puisse dire, c'est qu'il est sérieusement battu en brèche actuellement. *Idem* pour la famille élargie. Au XIXe siècle les neuf dixièmes de la population était rurale. Parents, grands-parents, oncles et tantes étaient proches, se conseillaient et s'entraidaient mutuellement. L'industrialisation, le développement des villes et des moyens de communication ont fait éclater cette proximité familiale. Certaines mamans se retrouvent aujourd'hui bien seules... Aujourd'hui coexistent tous les schémas familiaux et la sécurité donnée par la famille traditionnelle n'est plus véritablement assurée.

– **L'éducation est remise en question.** À ce bouleversement du schéma familial est venu s'ajouter celui des repères éducatifs. En quelques dizaines d'années l'éducation traditionnelle, assez rigoriste, donnait à l'enfant un statut bien moindre que celui qu'il a à la fin de notre siècle. Ce mode éducatif, plutôt rigide, où l'enfant avait peu de droits, fonctionnait depuis des générations. Le parent d'autrefois avait tout pouvoir ou presque sur son enfant (souvenons-nous, par exemple, des fessées et autres châtiments corporels qui n'émouvaient personne...) ; nous ne sommes plus – loin de là – dans ce contexte. Aujourd'hui, l'enfant est considéré comme un individu à part entière avec des devoirs, certes, mais aussi des droits. Parfois même, il a pris – via un discours psychologique mal interprété ou mal expliqué – tous les pouvoirs...

Les parents, désormais, s'interrogent : comment éduquer son enfant dans le contexte d'aujourd'hui ? Le modèle traditionnel n'est plus valable, c'est vrai, mais où se trouve la bonne mesure ?

– **Les croyances sont mises à mal.** Si l'homme a toujours besoin de croire, les croyances sont sérieusement remises en question. Pour être plus juste : le message religieux est remis en question. La plupart des religions – la religion catholique en particulier – n'a pas su adapter son discours au niveau de connaissance et d'ouverture de ses fidèles. Il est clair qu'on ne peut plus, désormais, apprendre le catéchisme* comme jadis. Ce qui convain-

* On parle, aujourd'hui, de catéchèse : la terminologie du contenant a changé... mais qu'en est-il du contenu ?

quait et suffisait à une population soumise et peu cultivée ne peut plus suffire aujourd'hui.

Répétons-le : l'homme a besoin de croire (à une religion, à une philosophie, à un idéal, etc.) parce que cette croyance donne un sens et du sens à sa vie. Les préceptes et les principes religieux, philosophiques ou politiques sont autant de repères abstraits qui balisent le chemin du croyant. Ils l'aident sur le chemin de sa vie.

En ce qui concerne la croyance religieuse, elle est aujourd'hui mise à mal parce que, pour beaucoup, la croyance a été assimilée au message religieux. Ce dernier, parce qu'il n'a pas su s'adapter, a, du même coup, fait douter ceux qui n'avaient ni les moyens ni le recul nécessaires à la réflexion individuelle... Ces derniers ont fait l'amalgame entre la croyance, son média, la religion, et ses médiateurs, les religieux.

Carl Gustave Jung, dans les années 60, avait déjà fait un constat similaire et, déjà, tirait la sonnette d'alarme. L'encadré ci-après montre à quel point il était, à l'époque, visionnaire.

On peut faire exactement la même réflexion en ce qui concerne les idéaux politiques. Ceux-ci se sont notoirement affaiblis à cause de leurs excès passés (qu'on se souvienne du communisme soviétique) et actuels (les affaires...) ; pour celui qui n'a pas la capacité d'analyse et de recul nécessaires, les exactions et les débordements de certains deviennent les exactions et les débordements de tous et la politique et son message se voient ainsi vidés de toute leur substance. Ce qui est plus grave, c'est qu'ils permettent à des partis extrémistes, manipulateurs et peu

Jung et le christianisme *

Nous sommes dans les années 1950-1960, en pleine « guerre froide » et Jung s'interroge sur le christianisme : « Ce n'est pas le christianisme qui est menacé, dit-il, mais seulement la conception que l'on a eue jusqu'à maintenant et l'interprétation que l'on a donnée, interprétation qui, face au monde actuel, doit être révisée. »

Poursuivant sa réflexion il ajoute, plus loin : « Alors que l'homme peut aujourd'hui aborder par sa réflexion et comprendre toutes les "vérités" que lui présente l'État collectiviste, la compréhension des vérités religieuses lui est rendue considérablement plus difficile par le manque d'explications ("Comprends-tu ce que tu lis ?" L'eunuque lui répondit : "Comment le pourrais-je donc si quelqu'un ne me guide ?" – Acte des Apôtres, VIII, 30). Si l'homme ne s'est point encore, malgré tout cela, dépouillé de toute conviction religieuse, c'est que l'activité religieuse repose sur une tendance instinctive et appartient par conséquent aux fonctions spécifiquement humaines. »

scrupuleux de séduire, via des artifices de discours, ces individus qui ne croient plus en des propos plus modérés.

À ce point de notre réflexion le ou les parents se demandent en quoi cela concerne leur enfant ? La raison en est simple : **la croyance en un idéal, religieux, politique ou philosophique est un repère nécessaire car elle**

* C. G. Jung, Présent et avenir, Éd. Buchet/Chastel.

donne un sens et du sens à la vie. Si ces croyances modérées et respectueuses d'autres que sont les religions traditionnelles et les partis politiques modérés se délitent, elles laissent la place à d'autres religions intégristes, à des sectes ou à des partis extrémistes au discours plus fort et plus fallacieux. Ces derniers, au contraire des précédents, se servent de doctrines et de principes pour asservir l'individu ou pour permettre à un ou quelques êtres peu scrupuleux d'accéder à un pouvoir financier ou autre...

Les religions traditionnelles et les partis politiques modérés ont, à nos yeux, de grandes responsabilités à prendre dans ce domaine...

Cependant, que les parents qui nous lisent ne s'inquiètent pas : nous verrons que, si la famille apporte, à son niveau, les repères de base nécessaires, les risques de dérapage ultérieur de leur enfant seront limités sinon nuls.

La perte des repères : un mal ou un bien ?

Nous pourrions ainsi multiplier les exemples de repères remis en cause. Nous n'avons pas, par exemple, évoqué le problème du travail qui, dans les années à venir, n'aura pas la même prépondérance qu'aujourd'hui. Sans parler du problème du chômage : il faut savoir que le temps de travail de chacun diminuera forcément dans le futur. D'après Marchand et Thelot, de l'INSEE, la durée du travail s'est réduite en cent cinquante ans de moitié. Elle est passée de 3000 heures par an au milieu du XIXe siècle pour arriver à environ 1500 heures aujourd'hui. Et demain ? Demain il faudra penser à s'investir dans d'autres activités et y trouver du plaisir ; sans cela la vie de certains risque d'être bien triste...

La remise en cause de tous ces repères que sont la famille, l'éducation, les croyances, le travail était inéluctable. Car tous ces repères avaient un caractère artificiel, superficiel. Ils étaient inculqués de façon un peu mécanique et relevaient davantage du conditionnement que de la prise en compte réelle de l'individu. Dans le contexte qui était le leur, ils avaient leur rôle et leur nécessité, mais dans notre conjoncture et dans la conjoncture à venir ils ne peuvent plus être mis en place de la même façon. Ils doivent s'adapter à un monde en pleine mutation, plus ouvert, plus informé, plus cultivé, plus mouvant aussi. Il était donc inéluctable qu'ils soient tous déstabilisés parce qu'ils étaient adaptés à un monde plus fermé, moins ouvert et moins mouvant.

Ce qui nous intéresse dans ces pages, c'est de rassurer les parents et de leur donner quelques pistes, quelques repères (pourquoi pas ?) qui vont les aider eux et surtout leur(s) enfant(s). Ce que nous allons démontrer, c'est que certains repères de base, s'ils sont solidement donnés par le ou les parents, peuvent apporter à leur enfant tous les atouts pour s'adapter et bien vivre dans le monde d'aujourd'hui et celui de demain.

Ce que notre pratique nous apprend c'est que plus les repères de base de l'enfant sont solides plus ses chances d'épanouissement et de réussite sont grandes. Le monde change et changera encore : l'important est de donner à l'enfant les atouts nécessaires pour l'affronter et s'y sentir bien.

Dans un premier temps c'est au(x) parent(s) d'apporter à l'enfant les repères dont il a besoin. Ces repères vont permettre à l'enfant de se construire, de se structurer. Ces repères, il les fera siens. Une fois siens, il pourra, seul, évoluer dans le monde et y trouver du plaisir. Mieux : il aura un vrai rôle à jouer dans ce monde-là. Ces repères qu'il fera siens, de ses premiers jours à l'adolescence, c'est à eux que nous allons nous intéresser désormais.

II

Les repères fondamentaux

Nous ne surprendrons personne en disant que le repère capital de l'enfant c'est sa mère. C'est, en réalité, la personne qui s'en occupe le plus. Dans notre pratique nous avons vu quelques pères à qui ce rôle était dévolu, mais leur proportion est infime. Et, d'ailleurs, cela est peut-être mieux ainsi. Car, quels que soient les progrès de la psychologie, la physiologie, elle, veut que ce soit la mère qui porte l'enfant; et l'on sait aujourd'hui que ce qui se passe pendant les neuf mois de grossesse est loin d'être négligeable. Demandez à votre médecin de famille ou à votre pédiatre qui voient passer dans leurs cabinets des centaines de bébés : ils vous diront qu'il y a des bébés déjà sereins et des bébés déjà anxieux – les conditions de la grossesse et le bien-être de la maman sont déjà pour beaucoup dans cet état de fait. Cela, d'ailleurs, n'est pas sans poser des questions lorsqu'on a recours à des mères porteuses...

La mère reste donc le repère fondamental de l'enfant : repère physique, mais aussi repère affectif, éducatif, culturel, etc. C'est ce qu'elle fera, elle, ce qu'elle dira, elle, ce qu'elle montrera, elle, ce qu'elle pensera, elle, qui sera essentiel pour l'enfant.

Le père, présent ou non, est le second repère de l'enfant, sauf si, nous l'avons dit, c'est lui qui s'occupe majoritairement de son enfant. Il a un rôle direct dans les relations qu'il a avec son enfant et un rôle indirect dans la relation qu'il a avec la mère de son enfant. En termes techniques, il joue le rôle de **tiers séparateur**, rôle sur lequel nous reviendrons.

Et les mères seules ? Il y a peut-être des épouses seules, mais il n'y a pas de mère seule. La nature est ainsi faite qu'il ne peut y avoir de mère sans père… La nuance n'est pas une pure figure de rhétorique, mais cet aspect est suffisamment contemporain pour que nous y revenions ultérieurement (voir page 41).

Consacrons maintenant toute notre attention à la mère et aux premiers repères qu'elle va donner à son enfant.

Prendre un enfant par la main

Ce qui distingue le petit humain de la plupart des autres mammifères, c'est sa dépendance physiologique. Il naît avec un équipement insuffisant pour s'adapter activement à son environnement (on désigne par *néoténie* cette particularité humaine). C'est cette insuffisance qui le rend dépendant de son entourage. Lorsqu'une maman « met au monde » un enfant, elle le « met au monde » physiquement et psychiquement. C'est elle qui va l'accompagner dans sa découverte du monde. Ce qui caractérise la relation qu'elle a avec son enfant au cours des premières années peut très bien s'illustrer à travers le contact physique qu'elle établit avec lui. Pendant la grossesse elle porte son enfant **en** elle. Bébé, elle le porte **contre** elle puis **à côté d'elle :** c'est l'apprentissage de la marche. Tout d'abord elle lui tient les deux mains puis une seule, puis aucune : l'enfant marche seul. Il est à même de découvrir, d'explorer le monde sans l'aide de quelqu'un. **Cette trajectoire illustre bien ce que va être leur relation : le bébé va passer d'une extrême dépendance à l'indépendance…**

Bien sûr, notre illustration est théorique : elle est là, essentiellement, pour symboliser notre propos. Dans la réalité, les choses ne se passent pas de façon aussi linéaire et l'on sait très bien, par exemple, que le petit a souvent des accès de régression en demandant : « Dis, maman, tu me portes ? » Chose qu'il justifie très bien en ajoutant généralement : « Je suis fatigué… » Il l'est, sans doute, mais peut-être plus psychiquement que physiquement tant cette découverte de l'autonomie est enthousiasmante mais… un peu angoissante aussi.

Le père et autres repères

Après la mère, premier repère humain fondamental, ce sont les autres personnes proches de l'enfant qui vont lui donner ses indispensables repères. Par personnes proches, il faut essentiellement entendre les adultes. Ce que disent les frères et sœurs est d'un moindre impact sur lui ; ils n'en ont que s'ils sont repris par les parents ou, malheureusement, induits par eux.

Le père est donc le second repère de l'enfant. En tant qu'individu, bien sûr, mais aussi en tant que porteur d'un certain nombre de messages nécessaires à la construction de l'enfant.

Dans la famille traditionnelle lui échoit le rôle de **tiers séparateur**. Le père, par le fait qu'il est un autre objet d'amour pour la mère, vient s'interposer de façon bienveillante entre la maman et son enfant. Il évite, par sa présence, que la fusion mère-enfant ne perdure et permet ainsi à l'enfant de prendre peu à peu son indépendance. Cela se fait, très naturellement et très inconsciemment, dans les relations au jour le jour. De son côté, l'enfant perçoit, ressent, de façon de plus en plus prégnante, cette présence et le fait qu'il n'est pas seul au monde avec sa maman : elle a d'autres intérêts que lui. Cette «prise de conscience» (pourtant très inconsciente) l'amène aussi à se séparer de sa maman et à trouver, ailleurs, d'autres centres d'intérêt... C'est, en termes psychanalytiques, la résolution de l'Œdipe.

C'est, bien évidemment, un processus de développement normal que nous décrivons ici. Il se peut, pour des raisons diverses, que cela fonctionne plus ou moins bien. C'est un processus normal et naturel qui veut que l'enfant devienne de plus en plus indépendant : l'observation du monde animal, dans sa globalité, nous montre des processus très similaires. Certaines espèces animales en viennent même à chasser littéralement – et parfois sans ménagement – le petit qui ne veut pas quitter la sécurité parentale. Nous n'en sommes, heureusement, pas là...

La finalité de ce processus est de permettre à l'enfant

de trouver une véritable identité, une véritable indépendance et d'en faire un individu à part entière responsable de ses actes. On verra que les repères identitaires, en dehors de ce mode d'évolution inconscient, participent aussi de cette évolution. Outre cet aspect, cela a aussi des conséquences sur le plan de la réussite scolaire. L'enfant qui n'intègre pas peu à peu cette indépendance reste fragile car il ne peut se prendre en charge seul. Il fait partie de ces enfants dont on dit qu'ils réussiraient «si on était toujours à côté d'eux». Il est, dit-on en termes professionnels, fusionnel, et parce que fusionnel il ne peut faire un travail que s'il a quelqu'un à côté de lui.

Le rôle du père est extrêmement important de par sa seule présence. Mais – et ce «mais» est primordial – sa présence n'est pas tant physique que psychique. C'est sa «présence psychique» qui compte. C'est la place qu'il a dans l'esprit de la maman. C'est, en fait, l'importance qu'elle lui accorde et l'intérêt qu'elle lui porte. C'est cela qui importe : le fait, très simple, qu'elle ait un autre objet d'amour que son enfant. S'il existe, le processus d'individuation du petit se fera très naturellement. S'il n'existe pas, il peut être très perturbé pour peu que la maman n'ait pas d'autres centres d'intérêt que son petit garçon ou sa petite fille. N'ayant pas d'autres centres d'intérêt, elle essayera de se réaliser à travers ses enfants et elle ne leur permettra pas de lui «échapper».

Qui n'a pas, autour de lui, de ces exemples de «grands enfants» qui, bien qu'adultes en apparence, n'ont pas du tout pris leur indépendance? Ils continuent à vivre sous le «joug» parental inconscient. On ne leur a pas permis de devenir des individus à part entière. Alors ils pensent comme papa ou maman, ils redoutent encore leur réaction, leur soumettent leurs projets et continuent à agir, tels des marionnettes, au gré du désir parental.

Zola, dans *Thérèse Raquin* nous décrit, avec beaucoup de précision, à travers son personnage de Camille, ce que cette dépendance peut induire chez un enfant et comment cela peut se traduire à l'âge adulte.

Camille Raquin ou les dangers de l'extrême dépendance

Lors de sa sortie *Thérèse Raquin* fut fort mal accueilli. Il était accusé de « littérature putride » et d'obscénité. À telle enseigne qu'Émile Zola se sent alors obligé de rédiger une préface pour justifier ses écrits. Lui, le romancier naturaliste, se défend de ce dont on l'accuse en disant que son « but a été un but scientifique avant tout* ».

De quoi s'agit-il ? Madame Raquin est veuve. Lorsque nous faisons sa rencontre, dans le roman, elle a cinquante ans. Son fils, Camille, lui, a vingt ans. S'il a vingt ans physiquement, psychiquement il en a beaucoup moins. « Sa mère, nous dit Zola, le gâtait encore comme un petit garçon. Elle l'adorait pour l'avoir disputé à la mort pendant une longue jeunesse de souffrances. L'enfant eut coup sur coup toutes les fièvres, toutes les maladies imaginables. Mme Raquin soutint une lutte de

* Émile Zola, *Thérèse Raquin*, Éd. Fasquelle.

quinze années contre ces maux terribles qui venaient à la file pour lui arracher son fils. »

C'est donc la maladie qui, semble-t-il, est à l'origine de l'adoration de Mme Raquin pour son fils. C'est, en tout cas, l'explication que nous donne l'auteur. On peut s'interroger, toutefois, sur cette succession de maladies à répétition : n'étaient-elles pas un moyen, inconscient, d'établir une relation privilégiée ? N'étaient-elles pas un moyen (inconscient toujours) pour le fils de rester enfant ? N'étaient-elles pas un moyen pour la mère d'avoir son enfant à elle seule ?

Étant donné la nature romanesque du cas on ne peut, ici, qu'émettre des hypothèses purement spéculatives. Toujours est-il que Camille Raquin était, à l'âge adulte, un être « petit et malingre. Ses membres grêles eurent des mouvements lents et fatigués. » À la suite de cette description l'écrivain s'empresse de préciser que « sa mère l'aimait davantage pour cette faiblesse qui le pliait. Elle regardait sa pauvre petite figure pâlie avec des tendresses triomphantes, et elle songeait qu'elle lui avait donné la vie plus de dix fois. »

Et le père dans tout ça ? Le romancier n'en parle pas. N'en parle jamais. Tout se passe comme si, bien que présent physiquement, il était psychiquement totalement absent. Comme si, d'une certaine façon, il ne comptait pour rien. En n'en parlant pas, Zola lui nie en tout cas toute existence.

Les relations de Mme Raquin et de son fils sont donc très fusionnelles. Pathologiquement fusionnelles. Lui, bien que marié avec sa cousine Thérèse, reste très dépendant. Il faut savoir que Thérèse, orpheline, a, elle aussi, été élevée par Mme Raquin. Pour autant, nous dit l'auteur, elle a un caractère d'une tout autre nature que celui de Camille. Le couple vit avec cette mère trop possessive sous le même toit.

Pourtant, lorsque Camille, huit jours après son mariage, décide de quitter la maison familiale, il se heurte à l'hostilité maternelle qui, ayant « arrangé son existence, ne voulait point y changer un seul événement... ».

Devant l'insistance de son fils, elle prend les devants, s'impose encore et va faire les démarches pour trouver, à Paris, un domicile où, de nouveau, ils pourront vivre tous les trois. Camille, toujours faible, accepte ; Thérèse, l'épouse, suit avec une passivité qui, bientôt, se révoltera.

À Paris la vie se déroule, morne et calme. Thérèse souffre entre ce mari qui est resté un enfant et cette belle-mère omniprésente. Des amis viennent le soir jouer aux dominos : « Et Thérèse ne trouvait pas un homme, pas un être vivant parmi ces créatures grotesques et sinistres avec lesquelles elle était enfermée... »

Aussi, lorsqu'un certain Laurent entre dans sa vie, elle est toute étonnée : « Elle n'avait jamais vu un homme », nous dit Zola. Avec l'arrivée de cet homme commencera le drame que l'on sait.

Bien sûr, nous sommes, ici, en plein roman et, de surcroît, dans un cas très particulier : les maladies de Camille enfant ont amplifié le phénomène de dépendance. Mais nous avons là, à l'extrême, les effets dévastateurs d'une absence d'individuation. Camille n'a pu devenir adulte, autonome, indépendant et, en tant que tel, il n'avait pas d'existence propre : il se révélait alors être un compagnon absent.

Cette observation, dramatiquement romancée, nous permet de parler des mamans qui élèvent seules leur enfant, car elle met le doigt sur le danger principal de cette situation.

On l'a dit, la famille traditionnelle n'est pas un gage de réussite à coup sûr du processus d'indépendance de l'enfant. Pourtant on comprendra que, lorsque la mère élève seule son enfant, la difficulté à le rendre indépendant est peut-être plus grande. Sauf si, bien sûr, la maman a une vie de femme épanouie. Dans ce cas, les risques ne sont pas plus importants que dans un schéma classique.

Plus que la présence physique, c'est la présence psychique qui compte. Les exemples ne manquent pas de ces enfants qui ont perdu leur père, mais dont leur mère parle positivement. Auquel leur mère laisse une place symbolique importante. Ces enfants-là ont, si leur maman a eu la chance d'avoir la force de surmonter ces épreuves, toutes les chances de se porter le mieux du monde. Ce qui importe c'est que le père existe psychiquement dans l'esprit de la maman afin que son seul intérêt ne soit pas tourné vers l'enfant. En tant que tel, le père est un repère à partir duquel ce dernier va se positionner. Seul avec sa mère, il risque la fusion ou, dans le meilleur des cas, il se positionnera par rapport à une seule personne. Quand le père est là, il se positionne par rapport à deux personnes et peut ainsi mieux affirmer son identité.

Mais il est temps pour nous, maintenant, d'affiner notre propos en déterminant, de façon plus précise, quels sont les repères de base et leurs objectifs.

Éclairés par les observations que nous avons faites dans le premier chapitre et par la définition que nous avons donnée des repères, nous pouvons alors mettre en évidence quatre grands types de repères :

– **les repères qui sécurisent, qui rassurent,**
– **les repères qui donnent une identité,**
– **les repères qui induisent une appartenance,**
– **les repères qui donnent du plaisir.**

Les repères qui rassurent : les repères sécuritaires

L'un des buts premiers des repères est de sécuriser. Même si cette recherche est beaucoup plus inconsciente que consciente. **L'une des préoccupations premières de la mère sera celle-là : apporter à son bébé les soins corporels et psychologiques qui vont lui assurer la quiétude nécessaire à son bon développement.**

Nous verrons (chapitre IV et suivants) quels sont les repères qui permettent d'assurer au mieux celle-ci. Pourtant, quelle que soit la bienveillance de la mère, quelles que soient ses conséquences, il est impossible de donner un sentiment total de sécurité. Impossible parce que cela demanderait une sorte d'hypercompétence dont nul ne peut se targuer et parce que, de toutes façons, l'évolution du petit humain est si rapide qu'elle demande sans cesse des réaménagements de la personnalité. Ces réaménagements sont source d'anxiété même si, la plupart du temps, elle est passagère. L'anxiété fait partie de l'homme.

Il faut nous arrêter, ici, sur le problème de l'anxiété, car elle est la conséquence de l'insécurité. Tout sentiment d'insécurité entraîne de l'anxiété. Celle-ci peut être passagère et l'on parle d'anxiété réactionnelle ou perdurer de façon plus ou moins conséquente. **Il faut retenir que tout changement de repère provoque un sentiment d'insécurité inducteur d'angoisse.**

L'enfant en développement connaît des changements multiples aussi bien physiques que psychiques : ses sources d'inquiétude sont donc nombreuses. De ce fait il est tout autant – sinon plus – que l'adulte sujet à l'angoisse... si on ne l'aide pas. L'enfant peut donc, très tôt, être plus ou moins angoissé : l'ennui, pour lui, c'est que son angoisse n'est pas verbalisée ; il la traduit par son corps, par son comportement, par son « efficacité » scolaire. On ne peut donc pas, à propos des repères sécurisants, ne pas parler de ses conséquences, l'angoisse.

L'anxiété et l'angoisse de l'enfant

On assimile aujourd'hui anxiété et angoisse. En théorie – mais en théorie seulement – l'anxiété ne serait qu'un phénomène psychique alors que s'ajouterait à l'angoisse une composante somatique. En réalité il n'y a pratiquement jamais d'anxiété sans aucune manifestation somatique (sueurs, tremblements, envie d'uriner, maux de tête, insomnies, etc.). C'est pourquoi on peut parler indifféremment d'anxiété ou d'angoisse. L'anxiété est une composante normale de chacun d'entre nous. Elle est même nécessaire dans la mesure où elle nous permet de nous protéger ou de nous préparer à une situation nouvelle.

Une illustration très simple de l'anxiété normale peut être donnée par la préparation à un examen. C'est l'anxiété normale qui nous permet de nous préparer à cette épreuve nouvelle pour nous. Et, parce qu'elle nous permet de mettre en œuvre un certain nombre de stratégies appropriées, elle nous permet de passer et de dépasser cette épreuve. Elle est, dans ce cadre, un atout.

Il en est tout autrement quand l'anxiété est plus ou moins pathologique. Dans ce cas l'anxiété, parce que démesurée, non seulement n'aide pas mais peut paralyser ou, en tout cas, fortement pénaliser. En psychologie scolaire, les cas d'enfants anxieux sont journaliers, ce qui peut pénaliser plus ou moins sévèrement suivant le degré d'anxiété. On lira, ici, le cas de Julia qui est un cas d'anxiété légère et réactionnelle.

Julia ou une petite fée sur l'épaule

Depuis quelques semaines, la maman de Julia ne sait plus à quel saint se vouer. Jusqu'à présent, ses relations avec sa petite fille étaient parfaites : de discussions en confidences en passant par des crises de fou rire, tout allait pour le mieux entre elles.

Mais, depuis quelques mois, cela s'est dégradé. Julia et sa mère ont pris de la distance. Plus grave : elles ne se parlent pratiquement plus. Leur complicité d'hier a fait place à des échanges distants, froids. Le dialogue est rompu.

Cela inquiète suffisamment la maman pour qu'elle me demande une mise au point. C'est alors que je rencontre Julia.

À sept ans et demi, Julia est une fillette particulièrement pétillante : le regard est vif, souriant, inquisiteur aussi. Elle regarde cet adulte qui est en face d'elle en se demandant bien ce qu'il lui veut. À la façon dont elle m'adresse la parole, on se rend compte, immédiatement, qu'elle est habituée à parler à l'adulte d'égal à égal...

L'entretien avec Julia est donc très détendu. Elle parle des gens qu'elle apprécie ou non. Elle a d'ailleurs, à ce sujet, des opinions très marquées et très affectives : elle aime ou elle n'aime pas. Dans son palmarès défilent ainsi toutes ses enseignantes. L'une est « super » pendant que cette autre : « Je ne l'aime pas ». Pourquoi ? La réponse fuse aussitôt : « Parce qu'elle ne m'aime pas ». À quoi voit-elle cela ? « Ça se voit à la façon dont elle me regarde ! » À sept ans et demi, avec un regard franc et une voix assurée, la réflexion est directe. Étonnante, aussi, pour une petite fille de cet âge. Et ce maître qu'elle a eu en remplacement pendant quelques mois, qu'en pense-t-elle ? « Il est extra ! » puis elle module : « Mais j'aime pas ses pantalons : rouges, verts, jaunes... » Et d'éclater de rire...

Il y a quelques mois, Julia a eu un petit frère. Est-elle contente ? Elle rit ; toutefois, pour la première fois, elle semble un peu gênée : « Drôle de question... », remarque-t-elle. Elle se tortille sur sa chaise, apparemment mal à l'aise : « Avant, j'avais plus de jouets, maintenant j'en ai moins... » Le sujet du petit frère la gêne visiblement : elle est mal à l'aise, beaucoup moins spontanée. Y a-t-il quelque chose qu'elle voudrait ajouter ? « Oui, mais c'est un secret, je peux pas te le dire... » Nous passons alors à autre chose.

Et avec sa maman ? « J'arrive pas bien à parler avec elle. » Elle peut expliquer pourquoi ? L'explication arrive, en effet, surprenante : « Je sais pas pourquoi. C'est quelque chose dans ma tête qui me dit qu'il faut pas dire. C'est peut-être la fée ou le démon. »

La fée ou le démon ? « Oui, j'ai une petite fée sur l'épaule et un démon sur l'autre : je sais pas lequel écouter... alors j'écoute toujours le démon. » Pourtant, elle s'empresse d'ajouter : « Je l'écoute parce qu'il fait la voix de la petite fée. » Voilà, en effet, un démon qui mérite bien son surnom de malin. Julia ajoute encore : « Chaque fois je tombe dans le piège parce que le démon fait la voix de la petite fée... »

Le tout est dit spontanément sans aucune malice. Elle précise : « Quand je fais une bêtise, j'essaie de la réparer. » Ainsi, elle a offert à sa maman un petit cœur en argent... et une tirelire pour le petit frère...

Julia dort bien, bien qu'elle dise avoir « un peu de soucis ». Elle souligne : « Des fois, j'ai mal au ventre, j'ai mal au cœur. » Cette liaison cœur-ventre n'est pas autrement étonnante lorsqu'on sait que le « mal de ventre » est une des principales manifestations somatiques de l'anxiété. Car Julia est anxieuse. Sa logorrhée, le fait qu'elle bouge beaucoup, ses maux de ventre, sont autant de symptômes. Elle a aussi de l'asthme. S'ajoute à cela cette notion de culpabilité symbolisée par la petite fée, culpabilité souvent plus développée chez l'anxieux. Actuellement elle a quelques difficultés à l'école où elle se révèle particulièrement lente. Elle reconnaît : « En ce moment, je travaille pas trop bien... »

Puis, comme nous arrivons à la fin de l'entretien, elle demande : « Tu veux que je te dise mon secret ? » Je lui laisse, bien sûr, toute latitude. Très vite, elle enchaîne : « Eh bien, l'autre jour, j'ai dit à maman que je voulais une autre mère ! » En a-t-elle parlé, depuis, avec sa maman ? La réponse est brève : « Non ». Il semble que ce soit depuis ce jour-là que les relations avec sa maman se soient dégradées. Julia voudrait-elle que nous en parlions à sa maman ? « Oui, je veux bien ». On la sent soulagée d'avoir un porte-parole.

Je rencontre la maman. C'est, à l'évidence, une maman bienveillante, chaleureuse, attentive à son enfant que j'ai en face de moi. Elle nous raconte sa propre enfance, difficile, douloureuse. Placée en nourrice à quatre ans, elle avait en particulier souffert du manque d'échanges, de dialogue. Ce dialogue, elle l'avait toujours voulu avec sa fille ; elle voulait, à tout prix, lui procurer une enfance heureuse, une enfance parfaite : celle qu'elle n'avait pas eue.

Puis il y a eu la naissance du petit frère de Julia, Damien. La grossesse de celui-ci ayant été un peu plus difficile, la maman de Julia a été moins disponible. Avec lui est arrivé un tiers, un intrus dans la relation que Julia avait avec sa maman (c'est, bien sûr, de cette façon que l'a perçu Julia ; c'est le sentiment qu'elle a eu) ; c'est alors qu'est arrivé l'épisode du « Je voudrais changer de maman ! » qui n'était que l'expression d'une angoisse profonde. Angoisse due au sentiment d'abandon que Julia ressentait depuis la venue de Damien. Lorsque j'aborde le sujet avec la maman, elle reconnaît que la réflexion de sa fille lui est « restée là ! », dit-elle en désignant sa gorge. Et que, depuis, il y a aussi blocage de la communication de son côté.

Blocage parce qu'elle faisait tous les efforts possibles et imaginables pour être une bonne mère : elle considérait comme injustifiée la réflexion de son enfant. Et de la menacer alors d'aller en pension...

Dès lors, le processus du cercle vicieux était enclenché : Julia « reprochait » à sa maman son « abandon » pendant que sa maman « reprochait » à sa fille son « injustice ». Il n'y avait, en fait, qu'incompréhension de part et d'autre. Mère et fille avaient une très forte relation, une très forte complicité. Sans doute un peu trop, mais elle trouve son origine dans l'enfance malheureuse de la maman. Elle a éduqué sa fille sur un modèle opposé à celui, douloureux, qu'elle avait subi.

À cette relation s'est ajouté le problème de l'anxiété de l'une et de l'autre avec ce que ce phénomène peut avoir d'amplificateur tant en culpabilité (la maman anxieuse se demande toujours si elle fait parfaitement les choses et l'enfant se demande si ce qu'il fait est bien ou mal : il a toujours peur de mal faire, ce qui explique, souvent ses difficultés scolaires) qu'en interprétation (la signification donnée aux événements est sans commune mesure avec l'événement lui-même). Julia, croyant sa relation menacée, a eu cette phrase disproportionnée par rapport au fait lui-même et la maman eut une réponse tout aussi démesurée. On perçoit, à l'aune de ces propos, le rôle amplificateur de l'anxiété.

L'une et l'autre, depuis, étaient restées sur leurs positions... Leur angoisse était telle qu'elle les rigidifiait (tout en les faisant souffrir) dans leur attitude, empêchant ainsi la pacification.

Tout cela a été longuement expliqué à la maman et, en expliquant, j'ai forcément dédramatisé. J'ai expliqué en particulier que l'affection de Julia pour sa maman était intacte et que seule l'angoisse lui avait dicté son propos... La maman l'a très bien compris. Rassurée elle a pu en parler à Julia et, aux dernières nouvelles, Julia et sa maman ont renoué le dialogue. J'ai toutefois mis l'accent sur cette forte relation mère-enfant en précisant qu'il était important, pour la maman, de faire confiance aux autres, de donner une place plus grande également au papa. Être proche de son enfant est parfait, être trop proche peut l'empêcher d'aller sereinement vers les autres. Seule la maman peut autoriser, psychiquement, son enfant à le faire ; le papa doit aussi participer de cela... à condition qu'on le laisse faire.

Anxiété normale, anxiété pathologique

Pendant que l'anxiété normale nous permet de nous adapter à une situation, l'anxiété pathologique nous oblige à mettre en place des stratégies de défense massive, stratégies qui nous empêchent de nous adapter de façon satisfaisante.

C'est en fonction du degré d'anxiété qui est le nôtre que nous allons, ultérieurement, chercher des repères qui vont nous sécuriser de façon plus ou moins conséquente. D'où l'importance de donner à l'enfant des repères qui vont le sécuriser et qu'il intégrera pour les faire siens toute sa vie durant et que nous appellerons désormais **les repères sécuritaires.**

On peut considérer aujourd'hui que toute la pathologie névrotique trouve son origine dans l'anxiété, dans l'absence d'intériorisation de repères sécuritaires forts.

Dans un de ses tous derniers ouvrages et après une vie de réflexion sur les profondeurs de l'homme, Freud en était aussi arrivé à la conclusion que l'angoisse se cache derrière tous les symptômes. Dans son *Malaise de la civilisation* de 1930, il dit précisément : « En effet, en ce qui concerne l'angoisse, nous constatons qu'elle offre par rapport au conscient les mêmes variations extraordinaires. **De toute façon, elle se cache derrière tous les symptômes**; mais tantôt elle accapare brusquement le champ entier de la conscience, tantôt elle se dissimule si parfaitement que nous sommes obligés de parler d'une angoisse inconsciente. »

Cette théorie de l'angoisse il l'avait développée plus longuement encore dans *Inhibition, symptôme et angoisse* publié en 1926 et dont nous donnons (voir encadré cidessous) un extrait explicatif.

L'anxiété (ou l'angoisse) est la perte du sentiment de

sécurité. C'est un phénomène inconscient dans la mesure où nul ne peut formuler (sans un travail approfondi) quelles sont les causes de son angoisse même s'il peut exprimer ce qui l'angoisse. Un exemple très simple peut aider à comprendre cela. Une expression typique de l'anxieux est de dire « je fais une montagne d'une taupinière » ou « je m'en fais pour un rien ». Il ne saura pas dire pourquoi il s'en fait pour un rien, il le constate, c'est tout, et le justifie éventuellement en remarquant qu'il est

L'angoisse selon Freud *

[...] D'après cette seconde hypothèse, la formation de symptôme ne serait entreprise dans tous les cas qu'afin d'échapper à l'angoisse [...] l'angoisse serait le phénomène fondamental et le problème capital de la névrose.

Des exemples frappants montrent que cette deuxième thèse est au moins partiellement fondée. Si l'on abandonne à lui-même un agoraphobe dans la rue après l'y avoir accompagné, il fait un accès d'angoisse ; si l'on s'arrange pour empêcher un malade atteint de névrose obsessionnelle de se laver les mains après qu'il ait touché quelque chose, il est la proie d'une angoisse presque intolérable. Il est donc clair que la condition qui est mise d'être accompagné et l'action compulsionnelle du lavage avaient pour fin, et aussi pour résultat, de prévenir de telles manifestations d'angoisse [...]

* S. Freud, *Inhibition, symptôme et angoisse*, PUF, 1981.

anxieux. S'il fait une « montagne » d'une « taupinière », c'est bien parce que son angoisse – inconsciente, rappelons-le – fait caisse de résonance et amplifie démesurément ce problème qui, pour son voisin non anxieux, n'a aucune ou très peu d'importance.

Pour l'enfant, on peut penser que l'anxiété « naît » au moment de la naissance. Le psychanalyste Otto Rank parlait, lui, du traumatisme de la naissance (on soulignera, par ailleurs, que c'est sa théorie qui a fait revoir à Freud sa théorie sur l'angoisse, même s'il ne l'a pas acceptée en tant que telle...).

On peut considérer que toute perte consciente ou inconsciente de repères est source d'angoisse. Tout changement est source d'angoisse, car l'on passe d'une position connue, « maîtrisée », à une autre, inconnue, dont on ne domine pas tous les paramètres. La naissance est l'une de ces situations. On passe de repères connus à des repères inconnus sans savoir où ceux-ci vont nous mener. **À travers cet éclairage on peut comprendre en quoi notre époque, qui voit tous ses repères bouleversés, est particulièrement anxiogène.**

Pour l'enfant, qui est ici le centre de nos préoccupations, il passe les premiers mois et les premières années de sa vie à changer donc à affronter des situations anxiogènes. S'il n'a pas, à côté de lui, quelqu'un qui l'aide à affronter ces situations, qui l'accompagne sur le chemin, il a toutes les raisons du monde d'être anxieux. D'où l'importance des repères sécuritaires et de la personne qui les transmet. À ce sujet nous ne pouvons pas faire l'économie, dans cet ouvrage, du problème de la mère anxieuse.

La mère anxieuse

Toute maman est anxieuse. Plus ou moins, voilà tout. Plus la maman est anxieuse, plus elle a de difficultés à sécuriser son enfant.

Mais avant d'aller plus loin, rassurons tout de suite ces mamans-là. Nous n'allons pas les désigner du doigt, non plus que nous n'allons les culpabiliser. Nous savons, plus que quiconque, que la maman anxieuse au-delà de la norme est d'abord une victime. Elle est victime de ses propres angoisses et, dans son histoire à elle, il y a certainement les raisons de ses angoisses présentes... Nous ne voulons pas la désigner, mais bien plutôt l'aider dans les premiers pas d'une éventuelle démarche.

La maman très anxieuse, parce que peu sécurisée elle-même, a du mal à donner à son enfant la sécurité dont il a besoin. Très souvent, elle compense cet aspect en surprotégeant son enfant. Craignant tellement qu'il arrive quelque chose à son petit, elle le soustrait à tous les dangers, à toutes les difficultés. Cette surprotection ne permet pas au petit garçon ou à la petite fille de s'« entraîner » à surmonter les obstacles. En le surprotégeant, la maman ne lui permet pas d'affronter les difficultés de l'existence. Dès que l'enfant est livré à lui-même et qu'il est seul face à celles-ci, il n'est pas à même de les surmonter. Il « perd ses moyens »... des moyens qu'en réalité il n'a jamais pu acquérir.

Notre propos ici n'est pas d'affoler davantage les mamans angoissées. Bien au contraire. Il est simplement d'aider à prendre conscience, sans culpabiliser. Redisons-le : la mère angoissée est la première victime de ses angoisses car elle n'a jamais parfaitement l'esprit en repos... La meilleure façon, pour elle, de retrouver un peu de sérénité est de se faire aider ; ce n'est qu'en retrouvant et en revivant, via la thérapie, l'origine de ses angoisses qu'elle pourra les évacuer...

Notre pratique nous amène souvent à rencontrer de ces mamans-là. Lorsque leur anxiété n'est pas majeure, nous pouvons les aider par le biais de quelques entretiens. Lorsque celle-ci est plus importante, nous les invitons à trouver une aide plus soutenue, plus longue.

L'exemple de Juliette, ci-dessous, nous montre que même dans les cas d'angoisse extrême, quand il y a des soutiens multiples, l'enfant peut trouver une certaine paix intérieure.

Juliette ou l'importance des repères-relais

Lorsqu'on me demande de voir Juliette, elle est au CP. Ou, plus exactement, elle a été « rétrogradée » au CP parce qu'elle avait des difficultés au CE1.

Juliette va bientôt avoir sept ans. Petite fille aux cheveux blonds frisés, elle a un air grave, sérieux.

L'entretien se passe normalement : la fillette répond aux questions posément sans précipitation excessive, sans réticence non plus. Elle explique qu'elle vit seule avec sa maman. Son papa ? « Il est loin et il s'est marié avec une autre femme... », confie-t-elle.

Elle a une chambre avec plein de jouets : des poupées,

des voitures, un téléphone, un déguisement de mariée, etc. Elle dit cela sur un ton posé, avec une certaine distance, une capacité à analyser. Ainsi, bien qu'ayant une chambre pour elle seule, elle dort avec sa maman. Tous les soirs ? « Oui, tous les soirs. »

Sa maman a une bonne copine qui est, pour Juliette, « comme un sœur... ».

Elle se décrit comme une petite fille rêveuse... et plutôt gaie. Elle dit également qu'elle vient de changer d'école. L'année dernière elle était au CP dans une école dont la « maman n'aimait pas la directrice... ».

Au global, nous avons une petite fille calme, réservée, un peu anxieuse, mais qui arrive malgré tout à se mettre à distance, à décrire, à analyser, ce qui est bon signe. Cela révèle une affirmation de soi, une capacité à verbaliser donc à mettre au-dehors. Restent les difficultés scolaires, les difficultés à apprendre, notamment à lire. Pour l'instant, Juliette va en orthophonie. Nous demandons alors à voir la maman. Cette maman se révèle être une maman très très anxieuse. Sa logorrhée est importante, à un point tel que, parfois, elle bafouille. Les propos s'enchaînent les uns aux autres, cohérents mais englués dans un discours comme si, d'une certaine façon, le silence l'angoissait.

Ici encore, la maman de Juliette est très soucieuse de son enfant, de sa réussite scolaire y compris. C'est d'ailleurs pour cette raison qu'elle l'a retirée de l'école où elle était précédemment : « Ça n'allait pas. » Les relations avec la directrice en particulier étaient tendues, difficiles, conflictuelles. Trop préoccupée de la réussite de son enfant, la maman se révélait un peu envahissante et pressante... ce que ne supportait pas la directrice en question.

L'angoisse de la maman de Juliette est telle qu'elle se fait aider sur le plan psychologique. Cette aide lui apporte le soutien dont elle a besoin, même si, pour l'instant, elle ne lui permet pas encore d'être sereine ; mais l'important est qu'elle existe car elle est un point d'appui pour cette maman et, par contre-coup, pour la fillette.

L'entretien fait apparaître que Juliette est une sorte de substitut adulte pour la maman. Cette maman a autant besoin de Juliette que Juliette a besoin de sa maman. Très angoissée, elle passe du rôle de mère (en particulier vis-à-vis de l'école) à celui d'enfant. Ainsi, par exemple, elle revendique, sur un mode infantile, telle place sur le canapé du salon...

L'angoisse de cette maman l'a même poussée à des tentatives de suicide : depuis, Juliette ne la quitte plus sans une certaine inquiétude... Elle n'est vraiment rassurée que proche de sa maman.

Face à ce tableau difficile j'ai mis en place un suivi psychologique pour Juliette, suivi qui lui permettrait, à elle, d'évacuer ses inquiétudes et de trouver, via le thérapeute, un repère stable, sécurisant, rassurant.

Pour la maman, je l'ai encouragée à poursuivre sa thérapie et je lui ai demandé de « laisser faire l'école ». Mon souci était de préserver Juliette dans le cadre scolaire. De faire en sorte que l'école apparaisse comme un milieu stable, lui aussi, rassurant. J'ai demandé à la maman de ne plus envahir la nouvelle école. Avait-elle des inquiétudes ? Qu'elle vienne m'en parler. Elle réussit à le faire progressivement : ses visites et ses coups de téléphone se firent moins pressants. Lors des entretiens ultérieurs, elle me demandait des nouvelles scolaires de Juliette. Elle-même avait des difficultés à se rendre compte de ses progrès dans la mesure où son angoisse ne lui permettait pas d'être détendue lorsque Juliette avait un livre en mains : « Elle le fait exprès. Elle fait exprès de ne pas savoir », disait-elle. Je lui expliquais encore qu'elle communiquait involontairement son inquiétude à sa petite fille et que cette inquiétude la paralysait. Elle ne le faisait pas « exprès », mais c'était sa façon à elle de se défendre contre l'angoisse.

Le positif dans cette affaire compliquée est que la maman de Juliette, consciente de ses difficultés, a pu accepter les mains qui lui étaient tendues. Aide personnelle, aide pour Juliette, confiance à l'école, acceptation des entretiens que je lui proposais de loin en loin, ont été autant de points de repères qui ont permis de préserver Juliette. Elle a appris à lire sans difficultés et la maîtresse nous parlait d'elle très positivement. À l'école la petite fille paraissait sereine et détendue...

Je n'ai pas assez de recul, aujourd'hui, pour affirmer que Juliette est tout à fait préservée, mais je peux d'ores et déjà dire que, sans ces aides multiples et sans l'acceptation par la maman, le présent de la fillette et son avenir auraient sans doute été gravement compromis.

Juliette nous le montre par son histoire : lorsque le repère majeur qu'est la maman est très déstabilisé, très souffrant, on peut aider très sérieusement l'enfant par des repères extérieurs, des repères-relais, suffisamment solides. Ces repères-relais, bien investis par la maman, permettent à l'enfant de trouver, malgré tout, une certaine sécurité, davantage de sérénité.

La sécurité parfaite n'existe pas

Quoi qu'il en soit et sans parler des cas extrêmes, aucun d'entre nous n'est parfaitement serein. Ceux qui se récrieront le plus face à cette affirmation seront certainement ceux qui auront mis en place les défenses les plus massives face à leur angoisse...

Ainsi, par exemple, celui qui consacre la majeure partie de son temps et de son énergie à son travail admettra rarement qu'il est angoissé. Et pourtant il obéit à un mécanisme bien simple : celui de la fuite en avant. Il évite de se poser des questions en en faisant toujours un peu plus. D'une façon générale on peut admettre que celui qui s'investit de façon intensive, massive, dans un seul repère est certainement quelqu'un de très angoissé. Son angoisse est telle qu'il ne trouve son salut (son repos psychique) qu'en investissant toujours plus dans ce seul repère...

À l'inverse, la personne à peu près sécurisée a plusieurs repères. Et, par rapport à ceux-ci, elle conserve son identité, sa liberté et elle respecte les autres. On peut penser que seuls, peut-être, les sages et les saints peuvent se passer de repères parce qu'ils ont fait une telle démarche sur eux-mêmes qu'ils n'ont plus besoin de ces béquilles que sont les repères extérieurs. Le créateur ou l'homme de génie est obligé, de par sa démarche, de sortir des repères préétablis. Pourtant, s'il veut préserver sa personnalité, il ne remettra en question ses repères que dans un seul domaine : celui de sa recherche ou de sa création. Si, par malheur, il n'a pas la capacité à en préserver certains, il sera un candidat certain à la folie. Les exemples d'artistes qui n'ont pas su préserver ces autres repères sont nombreux : Van Gogh, par exemple, entre dans ce schéma. On peut penser que s'il avait été reconnu de son vivant, cette reconnaissance aurait préservé ses liens avec les autres hommes et l'aurait sauvé…

Il est très difficile donc, sinon impossible, d'apporter un parfait sentiment de sécurité à l'enfant, mais on peut, globalement, le préserver si on lui apporte un certain nombre de repères sécuritaires (voir pages 85 et suivantes).

Ce qu'il faut retenir d'essentiel en termes de repères sécuritaires, c'est qu'au départ c'est l'autre qui les met en place en créant ainsi, autour de l'enfant, un espace rassurant. Grandissant dans ce monde rassurant et capable de s'adapter à celui-ci grâce à la bienveillance (et non pas à la surprotection d'autrui), il va faire peu à peu sienne cette sécurité. Il va l'intérioriser psychiquement et même, peut-être, métaboliquement. On peut penser en effet que son organisme, à travers les expériences successives, met au point tout un système régulateur qui lui permet, à l'avenir, de s'adapter aux diverses situations et de les affronter avec un minimum d'efforts. Nos propos, ici, ne sont qu'hypothétiques, mais notre observation au jour le jour de multiples enfants nous laisse penser que c'est non seulement sur le plan psychique que tout cela se joue mais aussi sur le plan physiologique.

Pour ne prendre qu'un exemple très simple, notre travail nous amène à rencontrer des dizaines d'enseignant(e)s. Parmi ceux-ci ou celles-ci, il en est quelques-un(e)s qui connaissent des difficultés personnelles. Eh bien, nous constatons que, face à ce problème, ce sont les enfants les plus fragiles qui en subissent les conséquences. Ce sont les enfants qui n'ont pas cette force capitale qu'est la sécurité intérieure qui sont les plus déstabilisés. Les autres, eux, réagissent avec une certaine sérénité. Pour eux, tout se passe comme s'ils avaient acquis un capital confiance qui leur permet de faire face mieux que les autres aux difficultés qu'ils peuvent rencontrer au cours de l'existence.

D'où l'importance d'aider l'enfant à acquérir ce capital dès les premières années de sa vie. Toutefois, il faut savoir que l'existence de chacun d'entre nous est soumise à des changements perpétuels. Suivant que nous avons été plus ou moins « armés » pour y faire face, nous les négocions avec plus ou moins de sécurité. Mais c'est bien parce que nous ne sommes jamais parfaitement sereins que nous avons toujours plus ou moins besoin de repères sécuritaires, y compris à l'âge adulte.

Un moyen de défense contre l'angoisse : la résistance au changement

Nous disposons de plusieurs moyens de lutte contre l'angoisse. Le premier d'entre eux est la résistance au changement. En termes techniques on appelle cette résistance au changement « misonéisme ». C'est certainement l'un des moyens de défense contre l'angoisse des plus efficaces. Mais il peut être pathologique et pousser à la régression. Nous avons noté que l'angoisse face au changement peut être telle qu'elle induit un « retour en arrière ». L'encadré de la page suivante nous montre que l'individu comme le groupe peut utiliser ce moyen de défense. Le côté positif du misonéisme est qu'il évite de nous lancer dans une entreprise, un changement, sans prendre quelques précautions liminaires. C'est lui qui, d'une certaine façon, nous permet de nous adapter. Cette capacité peut nous éviter des aventures hasardeuses. Mais elle peut aussi, poussée à son paroxysme, nous empêcher toute évolution, voire nous faire régresser.

Certains enfants connaissent cela, ainsi que certains adultes. Quand cela se passe, c'est qu'ils se trouvent face à une situation (pas toujours consciente) qu'ils ne peuvent affronter. L'angoisse est alors telle qu'ils reviennent psychiquement à un stade antérieur où ils se sentent plus en sécurité. Répétons que ce n'est pas un choix délibéré, mais une stratégie inconsciente de défense.

On peut constater ces régressions chez l'enfant et celles-ci peuvent avoir plus ou moins d'ampleur. Parfois, il s'agit d'une régression réactionnelle : celle-ci ne dure que quelques semaines (l'énurésie, par exemple, fait partie des modes de régression les plus fréquents). Il ne faut s'en alerter que si cela perdure. Il importe, alors, de consulter afin d'essayer de trouver et de débloquer ce qui angoisse le petit.

Régression individuelle – Régression populaire

Il est intéressant de noter que le misonéisme est un mode de défense mis en place aussi au niveau collectif.

Ainsi, une réforme, même excellente, est rarement acceptée d'emblée par le peuple. Celui-ci est en général très méfiant par rapport à ce qui est nouveau. Ce n'est que lorsqu'il connaît les tenants et les aboutissants de ladite réforme qu'il l'accepte peut-être... après une longue période de sensibilisation et d'imprégnation.

Il est tout aussi intéressant de voir que ses réticences sont renforcées par un certain nombre de dictons populaires. Citons : « On sait ce qu'on perd, mais on ne sait jamais ce qu'on gagne... » ; ou « Un tien vaut mieux que deux tu l'auras » ; ou aussi « Il ne faut pas lâcher la proie pour l'ombre » ; ou encore « Qui va lentement va sûrement... ». Notre liste n'est pas exhaustive, mais ces dictons ont tous un caractère misonéiste avec ce que celui-ci peut avoir de prudent ou de castrateur...

Monsieur de La Fontaine avec *Le corbeau et le renard, Le lièvre et la tortue* et quelques autres fables a sans doute aussi contribué à renforcer le côté misonéiste qui sommeille au fond de nous.

Plus près de nous, Georges Brassens, qui ne passait pourtant pas pour un traditionaliste, ne chantait-il pas, après avoir regretté d'avoir changé de pipe, de maison et de femme :

> « [...] Auprès de mon arbre, je vivais heureux
> J'aurais jamais dû m'éloigner de mon arbre.
> Auprès de mon arbre je vivais heureux
> J'aurais jamais dû le quitter des yeux [...] »

Des repères pour se rassurer : les rituels

Les rituels sont aussi des repères sécuritaires. L'enfant comme l'adulte a besoin de rituels car leur côté constant, régulier, répétitif, est extrêmement rassurant. Ils permettent aux partenaires de maîtriser le changement en l'officialisant, en le mettant aux yeux de tous. En poussant plus loin l'analyse, le rituel, par son caractère intemporel, induit sans doute, inconsciemment, un sentiment d'éternité. En tant que tel, il est un excellent moyen de lutter contre l'angoisse de mort.

Certains rituels accompagnent un changement. Les baptêmes, circoncisions, communions, mariages, enterrements et autres cérémonies à caractère religieux ou civil font partie de ceux-ci. Elles permettent de faire une transition, de négocier un changement, changement dont on vient de voir qu'il peut être porteur d'angoisse. On observera que toutes ces cérémonies se font en groupe qui, par sa présence et son accord, rassure les impétrants en même temps que cela rassure le groupe car c'est lui qui maîtrise alors les règles du jeu social...

Le rituel est ici un rituel de passage d'un statut à un autre : la présence des autres, le fait qu'il a toujours existé, qu'il existe et qu'il existera toujours lui confèrent ce caractère sécurisant. Nous verrons qu'il n'est pas inutile, pour l'enfant, de mettre en place un certain nombre de rituels. Nous verrons aussi qu'ils sont davantage un moyen qu'une fin. Qu'il faut veiller là aussi à l'excès inverse. Le rituel doit être un moyen de rassurer : il ne doit pas emprisonner.

Les rituels de passage sont nombreux au cours de l'existence. Le premier est celui de la naissance par l'intermédiaire du faire-part, des visites et des cadeaux qui sont faits à l'heureuse maman (!) et à son bébé... Mais chacun pourra s'amuser à décrypter ce qui se cache derrière chaque rituel ; la finalité, de toutes façons, est toujours la même : se rassurer.

Complétons toutefois notre analyse en précisant que les rituels sont également des repères d'appartenance. C'est-à-dire qu'ils intronisent l'individu au sein d'un groupe. Par ce biais l'individu signe son inscription dans le groupe en même temps que le groupe lui donne son accord.

Citons, pour l'anecdote, le cas du bizutage dont on sait qu'il peut être, parfois, très excessif. Son but n'est autre que de rassurer le groupe par rapport à ce nouveau qu'il ne connaît pas. Parce qu'inconnu, il fait peur ; les épreuves qu'on lui fait subir ont à voir avec la soumission. Les « bizuts » doivent se soumettre, obéir, accepter. Ce faisant, le groupe les « contrôle », les « maîtrise », maîtrisant ainsi sa propre angoisse. Certes, aujourd'hui, tout cela est très symbolique, sauf quand ces rituels particuliers connaissent les excès que l'on sait... ils entrent plus, alors, dans un cadre différent : certains se servent de l'acceptation sociale de l'épreuve pour laisser aller leurs pulsions les plus archaïques.

Le rituel, en tant que moyen, est un repère sécurisant. C'est un **repère sécuritaire**. Utilisé de façon intensive, de façon répétitive, il est symptomatique d'une angoisse massive. Utilisé de façon « homéopathique », il fait partie des moyens mis à notre disposition pour lutter contre nos petites angoisses quotidiennes...

Les repères transitionnels : des repères également sécuritaires

C'est le psychiatre anglais Donald Winnicott qui, pour la première fois, a parlé d'objet transitionnel pour l'enfant. C'est le fameux « doudou » de nos chers petits et, pour le petit garçon ou la petite fille, il est l'objet qui lui permet de faire la transition entre lui et le monde extérieur.

L'objet transitionnel a pour but essentiel de rassurer l'enfant. C'est l'objet qui lui est familier, en général empreint d'odeurs « rassurantes » (même si, pour les autres, elles seraient plutôt désagréables...) ; il l'emporte avec lui dans chaque situation un peu angoissante pour lui. Cette situation n'apparaît pas forcément comme telle à l'entourage, mais elle est ressentie comme cela par le bambin.

Nous reviendrons sur cet objet si important pour l'enfant... Ce que nous ne savons peut-être pas, c'est que, nous, adultes, nous avons aussi nos objets transitionnels qui sont comme autant de points de repères rassurants. C'est l'ouvrier qui ne peut travailler sans tel outil particulier ; c'est le cadre qui pose sur son bureau les portraits de sa petite famille ; c'est celui-ci ou celle-là qui possède tel ou tel objet, tel ou tel meuble qui lui sont chers et dont il ne voudrait se séparer pour rien au monde. Souvenons-nous encore de Freud (page 12) qui, lorsqu'il partait en voyage, emportait avec lui quelques bibelots favoris... Bien souvent, ces objets, dit-on, ont une valeur « affective ». C'est effectivement le cas dans la mesure où, par leur présence, ils symbolisent un état, une situation qui nous apporte une sensation de bien-être, de sécurité.

L'objet transitionnel comme le rituel restent des repères sécuritaires. Ils se transforment en symptômes d'angoisse massive ou d'absence d'identité quand ils sont institués en superstition. La superstition est cet attachement massif à certains rituels ou à certains objets. Ceux-ci envahissent la psyché et deviennent des fins et non plus des moyens : dans ce cadre ils ne sont plus les repères sains qui laissent, rappelons-le, autonomie et liberté à l'individu.

Des repères pour individuer : les repères identitaires

L'individuation est un processus important du développement de l'enfant. C'est à travers lui que l'enfant va s'affirmer comme un être unique, différent des autres et capable de donner son opinion, de prendre de la distance et de jouer à son tour un rôle actif dans la société.

L'enfant prend conscience de son identité, autant à travers sa propre expérience, qu'à travers les relations qu'il a avec les autres.

Albert Jacquard constate : « Si je peux dire JE, c'est parce qu'on m'a dit TU. » C'est bien parce que l'autre est là, qu'il entre en relation, en dialogue avec moi qu'il me donne le sentiment de mon identité. C'est bien parce que le parent va entrer en échange avec son enfant qu'il va lui faire prendre conscience de son unicité.

On verra que pour l'enfant ce concept un peu abstrait peut très bien trouver des moyens de se concrétiser de façon très simple. Cela commence, bien sûr, par l'identité civile : nom, prénom… avec les conséquences que cela peut avoir quand tout cela n'est pas bien dit, pas bien expliqué à l'enfant. Puis cela se poursuivra avec des relations particulières avec lui, des objets qui lui sont propres, des activités spécifiques, etc.

Le langage, le média des repères

Le langage, qu'il soit verbal ou non, est le média des repères. C'est par lui qu'ils sont transmis à l'enfant.

En ce qui concerne le processus d'individuation, c'est le dialogue, en particulier, qui induit chez le petit interlocuteur qu'il est, justement, un interlocuteur à part entière. L'exemple de Thomas va nous éclairer à ce sujet.

Thomas ou un nouveau plaisir de vivre

Certains lecteurs se souviendront peut-être de Thomas dont j'ai parlé dans mon dernier ouvrage.

Rappelons brièvement l'histoire de ce petit garçon* : l'histoire de Thomas commence, pour nous, à quatre ans. Il est en début de moyenne section et son enseignante le décrit un peu comme elle décrirait une plante verte : Thomas ne parle pas, ne rit pas, bouge très peu, reste dans son coin, ne joue pas avec ses camarades. Ses grands yeux bleus regardent le monde, mais ils semblent vides.

Le bilan de l'état du petit garçon ne laisse pas de m'inquiéter : je note de l'écholalie (l'enfant répète, derrière moi, le dernier mot que je viens de prononcer) et il n'y a pratiquement aucune acquisition « préscolaire », toutes choses acquises par un enfant de cet âge...

Mais ce qui m'inquiète le plus est ce retranchement au monde, cette extrême passivité, cette absence de vie. La rencontre avec les parents me montre une maman très angoissée, passant du coq à l'âne. Son angoisse est telle, son débit verbal est si important, qu'elle ne laisse aucune place à son enfant. Thomas n'a pas la parole : on parle pour lui; la maman lui donne encore à manger à la cuillère...

Lorsqu'on parle d'enfant-objet, Thomas en est la dramatique illustration.

C'est alors que je mets en place, avec l'équipe éducative, tout un ensemble d'intervenants. L'enjeu, c'est vrai, est de taille : en laissant Thomas dans cette situation, il peut sombrer dans une pathologie grave de l'ordre de la psychose. Ces interventions sont :

* Jean-Luc Aubert, *Du berceau à l'école*, Albin Michel, 1996.

– une prise en charge en rééducation psychomotrice (qui sera suivie l'année suivante d'une rééducation psychopédagogique) ;

– une prise en charge en atelier thérapeutique (celle-ci sera arrêtée par la maman qui lui substituera de l'orthophonie...) ;

– une attention particulière de la maîtresse ; l'année suivante, une aide en classe d'adaptation viendra compléter l'approche pédagogique ;

– un suivi des deux parents assuré par moi-même par le biais d'entretiens réguliers (la maman, pour sa part, refusait toute aide psychologique personnelle).

Peu à peu Thomas est sorti de son mutisme car les différents intervenants lui ont laissé un espace de parole et de vie. La prise de conscience des parents, l'intervention du père, ont permis au petit garçon d'occuper plus de place à la maison.

À l'école le comportement, l'attitude de Thomas ont évolué considérablement : il a commencé à parler, à intervenir, à jouer avec ses camarades, à manifester des envies. Progressivement, il s'est intéressé aux activités proposées en les réalisant avec grand soin.

Son visage s'est animé, s'est éclairé : il a commencé à sourire et à rire. Ses grands yeux bleus contenaient, désormais, de la vie.

Deux ans après le terrible constat, Thomas pouvait entrer au CP. Non seulement il avait les acquis préscolaires nécessaires, mais psychiquement il s'individuait, s'affirmait et il avait le désir de faire... Cet enfant qui, deux ans plus tôt, m'inquiétait au plus haut point avait pu, enfin, sortir de l'ombre : pour apprendre un nouveau plaisir de vivre.

C'est bien parce que la maman de Thomas ne lui laissait pas la parole, ne le prenait pas en considération comme sujet que le petit garçon en était arrivé à cet état végétatif, à cet état, pourrait-on dire, de non-humain.

Qu'est-ce qui a permis à Thomas de sortir de son mutisme ? Qu'est-ce qui lui a permis de revivre ? Plusieurs processus ont permis à Thomas de sortir de son monde du silence :

1) La prise de conscience, autour de lui, de son mal-être. Cette simple prise de conscience a induit des attitudes différentes. Il a été regardé, sollicité avec plus d'attention ce qui est, je l'ai souligné, primordial dans le processus d'individuation. Sa maîtresse, au jour le jour, a porté un peu plus son attention sur lui.

2) La mise en œuvre d'aides diverses : rééducatrices, orthophonistes et la prise en charge en atelier thérapeutique. Ne nous méprenons pas : ce n'est pas la multiplicité des aides mises en place qui a permis l'évolution. La multiplicité, en termes d'aide à l'enfant, peut être la meilleure et la pire des choses. Elle est la pire quand les intervenants n'ont pas des rôles très précis, quand chacun déborde le cadre de sa spécificité. Elle est la meilleure quand chacun agit à son niveau de compétence sans déborder son champ d'action. Par ailleurs, l'expérience sur le terrain le prouve tous les jours : la réussite est liée au respect mutuel des différents partenaires et à la non-désignation d'un bouc émissaire (« C'est de la faute des

parents, de l'enseignant ou, pire encore, de l'enfant»...). On sait à quel point ce mécanisme est destructeur. Les différents intervenants ont été des points de repère stables pour l'enfant. Dans la relation qu'il a eue avec eux, il a retrouvé une vraie place d'individu à part entière. Il a été pris en considération, il est devenu un véritable interlocuteur. Ces expériences, répétées dans le temps, ont donné à Thomas le sentiment qu'il pouvait s'exprimer, qu'il existait, qu'il avait son ou plutôt ses mots à dire.

3) Le suivi des parents a permis, de son côté, d'aider la maman à une certaine prise de conscience; le tout sans culpabilité. Sans doute a-t-elle pris soin, de son côté, de laisser la parole à Thomas, de le regarder autrement et non plus seulement comme une sorte de prolongation d'elle-même. Prise de conscience, aussi, de la part du papa qui, selon ses propos mêmes pensait qu'il «fallait s'en occuper à son entrée au CP...». Cela lui a permis de s'investir plus rapidement dans sa relation avec son enfant en jouant avec lui en particulier, en diversifiant ses jeux, en dialoguant avec lui. Cette prise de conscience mutuelle a pu se faire dans un cadre serein sans que quelqu'un se sente coupable...

C'est donc la synergie bienveillante qui s'est mise en place autour de et avec Thomas qui lui a permis cette évolution spectaculaire.

On peut penser, à travers cette observation, que ce sont bien les points de repères du petit garçon qui ont changé. Au départ, il ne pouvait s'exprimer, s'affirmer car sa maman angoissée ne le laissait pas faire. Il a fallu aider cette maman, impliquer le papa et, parallèlement, « confronter » Thomas à d'autres points de repères adultes qui lui ont permis de prendre conscience du fait qu'il avait quelque chose à dire. Il y a, ici, une conclusion à tirer : on peut penser que ce qui participe de l'évolution d'un enfant, en particulier en cas de difficulté grave, c'est la mise en œuvre, autour de lui, d'un ensemble de personnes créant une synergie positive autour de lui. Ici, on ne peut affirmer que c'est telle ou telle action qui a été prépondérante, mais bien l'ensemble de celles-ci qui a permis la réussite. Réussite qui dépend aussi du respect mutuel des différents partenaires. Comme ils étaient tous des repères importants pour Thomas, le simple fait de sentir ou entendre des propos négatifs sur l'un ou l'autre de ces repères aurait sans doute freiné – voire stoppé – sa progression. Ce n'est qu'en ayant confiance en tous qu'il pouvait avancer. Et cette confiance, elle devait exister autour de lui...

La parole vraie

Le langage, verbal ou non, et la place qu'on lui donne est fondamental dans la transmission des repères. Ce peut être un langage qui rassure : la parole « vraie » de Françoise Dolto avait essentiellement ce rôle. C'est en disant la vérité à l'enfant, c'est en lui parlant qu'on le rassure. Sans cette parole, sans cette relation, il peut donner (inconsciemment, bien sûr) aux événements, aux faits, une signification totalement fallacieuse et, le plus souvent, menaçante pour lui. Si « on » ne lui dit pas, si « on » ne lui dit rien et s'il y a malgré tout ce malaise, c'est que, sans doute, il a fait quelque chose de mal, de condamnable. C'est ainsi que l'enfant peut ressentir très inconsciemment une situation non dite. Il va sans dire que cette interprétation fallacieuse peut induire, chez lui, des processus d'évolution plus ou moins invalidés.

Ce peut être un langage qui individue : l'exemple de Thomas nous a montré ce qu'il pouvait être, poussé à son paroxysme.

Ce peut être aussi un langage d'appartenance. C'est à travers lui qu'on rentre dans un groupe social restreint ou élargi. C'est à travers lui que se créent les liens dans un groupe.

L'exemple le plus frappant est sans doute encore apporté par l'adolescence et le langage qui est le sien. Chaque vague d'adolescents voit s'instaurer un nouveau langage verbal ou paraverbal. L'utilisation de mots ou d'expressions ou même d'une syntaxe langagière sont typiques de tel groupe social de jeunes. Le langage vestimentaire, aussi, est, à ce titre, plus que révélateur. Il est étonnant de voir comment chaque génération d'adolescents arrive à se trouver un langage vestimentaire différent. Il y a une « mode » adolescente qui leur permet de se reconnaître (et aussi de se rassurer) entre eux.

Ces langages, qu'ils soient verbaux ou non, sont autant de repères qui leur sont propres et qui leur permettent de « se serrer les coudes » au cours de ce passage délicat de leur existence.

Les repères d'appartenance

Les repères d'appartenance sont ceux qui vont nous permettre de nous inscrire dans un groupe et de nous y sentir bien. L'enfant « appartient » à sa famille puis à la société ensuite. On comprendra aisément le pourquoi des guillemets au mot « appartient ». Parce qu'ils soulignent une ambiguïté qui caractérise le développement de l'enfant. Car il a besoin, à la fois, de se sentir appartenir au groupe famille, mais il a besoin aussi de s'en détacher pour s'affirmer, nous l'avons vu, comme individu à part entière.

À partir de quel moment a-t-il, dans le même temps, ce sentiment fort d'appartenance et ce sentiment fort d'identité ? Nous devons reconnaître, ici, la difficulté à répondre à cette question. On peut supposer toutefois que l'individuation ne peut se faire parfaitement que si, au préalable, le sentiment d'appartenance a été mis en place de façon solide. L'observation journalière nous montre que moins un enfant a sa place dans sa famille (au sens affectif du terme), plus il aura du mal à trouver son identité propre et, au-delà, sa place dans la société.

Dans les repères d'appartenance, l'éducation occupe une large place. Les repères éducatifs sont des repères d'appartenance dans la mesure où ils donnent à l'individu les règles qui vont lui permettre de se sentir partie prenante d'un groupe.

Dans cette acception il y a plusieurs types d'éducation en fonction du groupe auquel on veut appartenir.

Il y a l'Éducation avec un grand E qui permet à l'enfant d'intégrer les règles de notre socio-culture et celles de l'enfant africain ou asiatique d'intégrer celles de son continent.

Il y a l'éducation familiale, qui est propre à chaque famille : elle est liée au degré de tolérance et de rigidité du ou des parent(s).

Il y a aussi ce qu'on pourrait appeler les éducations parallèles. C'est ainsi que chaque groupe social a ses règles, règles qu'il fait accepter – et pratiquer – si l'on veut être reconnu et admis par celui-ci. S'il ne fallait qu'un exemple, celui du « bourgeois gentilhomme » en serait un (*cf.* encadré page suivante).

Pour illustrer notre propos, on peut penser à des milieux extrêmement différents comme peuvent l'être le milieu bourgeois et les milieux marginaux. Le premier se reconnaîtra à travers certains repères très ciblés, qu'il s'agisse de vêtements, d'habitudes langagières, de profession ou même de culture. Les « bourgeois » se reconnaissent à travers une multitude de signes liés à l'éducation reçue.

Les milieux marginaux ont aussi leurs vêtements, leur langage et leur culture. Quand les premiers ont, en principe, un fort respect de la loi, les seconds lui apportent moins de considération. Et, bien évidemment, ni l'un ni l'autre ne voudrait adopter le statut de ce qu'il considère être son opposé. On peut toucher du doigt, à l'analyse de ces propos, toute la difficulté que peuvent avoir certains groupes à en comprendre d'autres…

Faut-il, pour autant, rejeter les repères d'appartenance ? Certainement pas. Nous en avons besoin. **Mais en tant**

que parent(s), nous avons tout autant le devoir d'induire le sentiment de respect, de tolérance, d'ouverture. Avoir des repères d'appartenance sécurise, mais cette sécurité ne doit pas se construire à travers l'édification d'une forteresse. Et moins encore à travers l'agression envers autrui. Les repères d'appartenance sains ne se construisent pas contre les autres mais, d'une certaine façon, pour y être plus ouverts, plus attentifs.

Le bourgeois gentilhomme angoissé ?

Molière, nous l'avons souligné, se révèle être un des premiers grands psychopathologistes. Mais, à l'instar de M. Jourdain, il a fait de la psychopathologie sans le savoir...

M. Jourdain, justement, est insatisfait de son statut : de bourgeois il aspire à être noble*. En un mot : il veut changer de repères.

Pour cela, il s'entoure d'initiateurs, de maîtres (d'armes, de musique, de danse, de philosophie). On s'en doute : cela ne plaît pas à son entourage, beaucoup plus misonéiste. Ainsi s'attire-t-il les inimitiés de son épouse : « Pour moi, je suis scandalisée de la vie que vous menez. Je ne sais plus ce qu'est notre maison. » De sa servante, Nicole, qui se moque ouvertement de lui et qui proteste : « Je ne saurais plus voir mon ménage propre avec cet attirail de gens que vous faites venir chez vous... »

* Molière, *Le Bourgeois Gentilhomme*, Larousse.

Mais ne change pas de statut qui veut : à vouloir être ce qu'il n'est pas M. Jourdain est la risée de son entourage pendant que sa faiblesse est exploitée par des nobles sans scrupules. Le bourgeois gentilhomme, aveuglé par son désir, tombe dans tous les pièges qui lui sont tendus…

Ainsi, lorsque le garçon tailleur l'appelle « Votre Grandeur », M. Jourdain exulte : « Votre Grandeur ? Oh ! Oh ! Oh ! Attendez, ne vous en allez pas. À moi "Votre Grandeur" ! Ma foi, s'il va jusqu'à l'Altesse, il aura toute la bourse… »

Quand, pour Harpagon, l'argent est la seule valeur reconnue, pour M. Jourdain c'est le statut social. Pour le premier, rien au monde ne le ferait débourser, tandis que le second est prêt à tout donner pour accéder à la seule valeur qu'il reconnaisse : la noblesse.

Et c'est bien parce que la vie de l'un et de l'autre est dirigée par ces seuls repères qu'ils sont névrosés… et incompréhensibles pour leur entourage. Ils accordent à ces repères une valeur qui dépasse la simple compréhension intellectuelle : pour eux, ces repères sont leur vie. Sans eux, leur vie n'a pas de raison d'être… L'un et l'autre sont angoissés, comme Don Juan, mais leur angoisse a trouvé, par un phénomène de déplacement, un exutoire : l'argent, le statut social, les femmes… C'est à travers eux qu'ils se réalisent et évacuent leurs angoisses.

Tout le talent de Molière a été de faire de ces drames des comédies… Pour notre plus grand plaisir.

Les repères pour le plaisir : les repères hédoniques

Nous l'avons souligné dans le premier chapitre : si les repères ont pour but de rassurer, de structurer, de donner du sens et un sens à la vie, ils ont aussi pour rôle de donner du plaisir. Car le plaisir est l'une des composantes de la vie. Désormais, nous appellerons « hédoniques » les repères qui apportent du plaisir. Plaisirs directs ou indirects. Les plaisirs directs sont liés aux sensations corporelles. Ils sont procurés par les sens. Avec cette acception, ils donnent du sens à la vie, étant bien entendu qu'ils ne sont qu'une des composantes à ce sens de la vie.

Les plaisirs indirects ne sont pas perceptibles à priori. Dans ceux-ci on peut ranger tout ce qui apporte une joie spirituelle ou intellectuelle. Il est vraisemblable que certains grands bienfaiteurs aient souscrit à cette règle : accomplir le bien, par une certaine abnégation d'eux-mêmes leur apportait une satisfaction morale, spirituelle ou culturelle. Ce sont, nous dit la psychanalyse, des **plaisirs sublimés**... En disant cela nous ne jugeons pas, pas plus que nous essayons d'amenuiser leurs bienfaits : nous constatons simplement que les plaisirs qui étaient les leurs étaient indirects. Et tant que nous serons des hommes, il en sera ainsi.

Toujours est-il que ces plaisirs, immédiats ou non, nous sont indispensables. Ce sont des repères vitaux, eux aussi, car ils apportent un sentiment de satisfaction et d'harmonie.

Là encore les mille et une façons d'avoir du plaisir ou de s'en procurer sont acceptables tant qu'elles ne nuisent pas à l'autre et tant qu'elles n'aliènent pas le pratiquant. Le surinvestissement dans tel ou tel plaisir serait, une fois de plus, symptomatique d'une angoisse. Serait-il encore du plaisir, dans ce contexte? Il pourrait, peut-être, apparaître comme tel, consciemment, au pratiquant. Inconsciemment, il ne ferait que révéler une angoisse profonde. Don Juan, par exemple était plus dans l'angoisse que dans le plaisir (*cf.* encadré page suivante).

Le but des repères

Les repères que nous avons définis : sécuritaires, identitaires, d'appartenance ou hédoniques ne sont pas à proprement parler des repères spécialisés. Il n'y a pas de repères qui ne font que sécuriser, individuer ou qui permettent seulement d'appartenir ou d'avoir du plaisir.

Globalement, tous les repères contribuent, peu ou prou, à sécuriser, individuer, à donner un sentiment d'appartenance et du plaisir. Simplement, certains apportent, plus que d'autres, un sentiment particulier.

Notre souci de précision n'a d'autre but que de clarifier le problème. On ne peut se contenter de parler des repères au sens large sans savoir ce qu'ils sont et quel est leur rôle. Cela est vrai, en particulier, pour les enfants.

Certains repères sont plus importants que d'autres, parce qu'ils sont vitaux. Ce sont ceux que nous évoquerons en premier en parlant des différents repères nécessaires au cours des divers stades de développement de l'enfant. Les autres demandent des aménagements.

Don Juan ou les faux plaisirs

Il n'est pas sûr que Don Juan ait pris du plaisir dans la conquête des femmes et dans leur possession. Bien évidemment, il disait, consciemment, que cela lui procurait du plaisir. Mais ce plaisir n'était jamais satisfait. Il lui fallait le renouveler à l'infini parce qu'il cherchait, à travers la femme, non pas une compagne, mais simplement à se rassurer. Quand la passion s'éteint avec toutes les démonstrations spectaculaires d'amour qui l'accompagnent, Don Juan est si angoissé qu'il recherche une autre passion...

On peut penser que le donjuanisme n'est que le fruit d'une blessure affective profonde. C'est sans doute parce qu'il n'a pas été aimé (ou qu'il en a eu le sentiment) que Don Juan recherche frénétiquement la passion qui lui donne – artificiellement – cette impression... Jamais satisfaite puisque constamment à renouveler. Ici le plaisir n'est plus plaisir : il est le besoin de pallier un manque.

Hypothèse d'école ? Regardez autour de vous et vous ne serez pas sans remarquer que la recherche effrénée et massive d'un pseudo-plaisir ne fait en général que masquer un vide profond (la drogue, l'alcool font partie de ceux-ci).

Réjouissons-nous par contre des plaisirs partagés, des plaisirs diversifiés : ils sont sains... et si agréables !

Notre travail nous amène à rencontrer des enfants, des parents de tous milieux et de tous âges. L'observation que nous en faisons nous conduit à faire un constat : pour certains enfants comme pour certains adultes tout se passe comme s'ils s'adaptaient facilement à toute situation tout en conservant une force intérieure et des objectifs clairs. Sur eux, la conjoncture actuelle, particulièrement déstabilisée, ne paraît pas avoir de prise. Ils conservent un optimisme mesuré ; ils savent apprécier les joies qui s'offrent à eux et restent ouverts au monde extérieur.

Certains enfants, malgré une histoire difficile, parviennent à évoluer positivement, sur un mode social acceptable. Sans aller jusqu'à cet extrême, nous voyons souvent de ces enfants bien dans leur peau, ouverts aux autres et tout à fait à l'aise dans notre monde que l'on dit déstabilisé. Ces enfants (que les spécialistes appellent résilients) ont, en général, des repères solides. Des repères qui leur donnent sécurité, identité, qui respectent leur liberté et celle des autres et qui donnent un sens et du sens à leur vie. Ces repères balisent leur chemin. Au départ, ils sont essentiellement apportés par l'extérieur puis, peu à peu, ils les font leurs, ce qui leur permet d'évoluer sans crainte mais avec conviction dans le monde… Ce sont eux qui vont nous servir de modèles dans les pages suivantes.

Nous constatons qu'il en est de même pour les adultes. Qui est déstabilisé par la remise en cause des repères traditionnels ? Une certaine frange de la population qui n'a pas eu la chance d'avoir intériorisé des repères sains et solides. Cette frange n'est pas l'apanage d'une catégorie sociale, car les repères essentiels ne sont pas seulement d'ordre culturel : elle correspond à ces adultes fragiles, dépendants, influençables, qui ont encore besoin, de façon démesurée, de repères extérieurs. Leur fragilité, leur dépendance est telle qu'ils ont encore besoin que les autres leur indiquent ce qui est bien ou mal, ce qui est bon ou mauvais pour eux...

Nous l'avons dit : l'adulte traditionnel « sain » a encore besoin de repères. Seulement ils sont multiples et ils sont transitionnels. Ils peuvent d'ailleurs changer au cours de l'existence. Ces repères, pour cet adulte « traditionnel sain », ne sont que des moyens et ne sont pas une fin en soi.

Lorsque le repère devient une fin en soi, il est le symptôme d'un malaise sous-jacent. Il est là pour combler un manque dont il faut rechercher la nature... sous peine de passer sa vie à essayer de combler ce manque. En vain, puisqu'il restera inconscient.

Le thérapeute comme un repère

Tout comme la mère est un repère pour l'enfant, le thérapeute en est un également. Bien évidemment, son impact est beaucoup moins fort, beaucoup moins prégnant, mais il existe.

Les repères, nous le savons, peuvent revêtir différentes formes. Ils peuvent être des repères humains (la mère, le père, les modèles, le thérapeute) ; ils peuvent être des repères abstraits (la croyance, les idéaux, la culture) ; ils peuvent être tout simplement des repères matériels (les objets transitionnels, un lieu, etc.).

Le thérapeute est un repère humain. Par sa présence, par la régularité des « soins » qu'il assure, par sa neutralité bienveillante, il permet au patient de se construire ou de se reconstruire.

Donald Winnicott* voyait dans le regard de la mère le premier miroir de l'enfant. Il considérait le travail du thérapeute à peu près sous le même angle : « La psychothérapie ne consiste pas à donner des interprétations astucieuses et en finesse ; à tout prendre, ce dont il s'agit, c'est de donner à long terme en retour au patient ce que le patient apporte. C'est un dérivé complexe du visage qui réfléchit. J'aime à penser ainsi à mon travail et aussi que, si je fais suffisamment bien cette tâche, le patient trouvera son propre soi, sera capable d'exister et de se sentir réel. »

* In « Le rôle de miroir de la mère et de la famille dans le développement de l'enfant », *Nouvelle Revue de Psychanalyse*, n° 10, 1974.

Ainsi, le thérapeute est un repère-relais, un repère de substitution qui permet à celui qui est en souffrance de se trouver, de trouver un sens et du sens à sa vie.

Nous parlons, ici, du thérapeute au sens large. On peut considérer qu'est thérapeute celui qui, par sa présence bienveillante, par son regard, par sa pratique, apporte réconfort à l'autre et lui permet de se construire ou de se reconstruire en toute liberté. Ainsi que le dit le professeur Serge Lebovici : « Celui-ci (le psychanalyste) compte autant par ce qu'il est que par ce qu'il dit* ».

Il n'y a donc pas une bonne thérapie et une seule, mais il y en a plusieurs : à chacun de trouver celle qui lui convient.

Il y a toutefois une précaution majeure à prendre en terme de thérapie : la thérapie saine n'a pas pour objet d'aliéner l'individu, de le modeler à telle ou telle image ou de l'exploiter. Il faut se méfier de ces thérapies miracles qui sont mises en place par des thérapeutes (des repères) malsains : leur seul objectif est d'exploiter la fragilité de leurs patients souvent dans un but de lucre et/ou de pouvoir sur lui.

On pourrait considérer le thérapeute comme un guide, à la différence près que ce guide-là n'aurait pas un chemin à l'itinéraire prétracé. Il accompagnerait simplement le patient en essayant de l'aider à trouver son propre chemin de vie.

* Serge Lebovici raconte à Marie-France Castarède *L'enfance retrouvée*, Flammarion, 1992.

III

Les repères des premiers mois

Les repères sécuritaires sont essentiels pour les premiers mois de la vie de l'enfant. De leur qualité dépend, pour beaucoup, sa sérénité future. Avec les conséquences que cela peut avoir en termes de bonheur de vivre, de capacité à s'ouvrir au monde et à faire des apprentissages.

Avant tout : la sécurité

S'il faut donc dégager un repère capital des premiers mois, c'est la sécurité. Reste une question : comment, désormais, induire cet état ?

La dépendance fondamentale du petit humain (dont nous avons parlé p. 34) le soumet au bon vouloir de l'autre et, en particulier, de celui ou de celle qui va lui consacrer la majeure partie de son temps. Nous l'avons souligné : c'est encore à la mère que ce rôle est aujourd'hui majoritairement dévolu. L'enfant dépend donc de sa bienveillance. C'est elle qui va assurer sa sécurité physique et psychique. Comment ?

En s'interrogeant, d'abord, sur sa capacité à pouvoir le faire. Une maman qui a elle-même des difficultés psychologiques importantes peut-elle apporter la sécurité à son enfant ? Rien n'est moins sûr et ce, quelle que soit sa bonne volonté. Être une bonne mère, c'est aussi savoir accepter et faire avec ses faiblesses. Dans ce cas, il est plus sage, pour elle et son petit, de se faire seconder. En souffrant physiquement ou psychologiquement il est difficile, voire impossible, d'être attentif de façon sereine à l'autre. Il importe de pouvoir faire ce constat et d'en tirer les conséquences. La maman est pour l'enfant son repère capital. C'est à travers elle qu'il va se construire. Winnicott* remarquait très justement que « dans le développement émotionnel de l'individu, le précurseur du miroir, c'est le visage de la mère [...]. Que voit le bébé quand il tourne son regard vers le visage de la mère ? Généralement, ce qu'il voit, c'est lui-même. »

C'est à travers toutes les interactions qu'elle va avoir avec lui qu'il va se construire, se sécuriser. Elle est la base de sécurité de l'enfant : si cette base-là est fragile, l'enfant ne pourra pas s'appuyer sur elle...

Il est clair, ici, que nous ne parlons que de mères qui sont en très grande difficulté. Pour les autres il leur faut, comme à nous tous, accepter leur imperfection et s'en accommoder au mieux. Personne n'est parfait, mais le savoir, l'accepter, l'analyser et essayer de l'améliorer permet, peut-être, de l'être un peu plus...

---

* D. Winnicott, « Le rôle de miroir de la mère et de la famille dans le développement de l'enfant », *Nouvelle Revue de Psychanalyse,* n° 10, 1974.

La maman doit donc, d'abord, s'interroger sur elle-même afin d'éviter à minima quelques aberrations affectives et éducatives. Si elle a eu une enfance heureuse et si elle est globalement épanouie, il y a peu de risques qu'elle commette des maladresses avec son enfant. Si son modèle a été satisfaisant, elle a alors toutes les chances de le reproduire.

Si, pour des raisons diverses, elle n'a pas eu cette chance et si elle a eu une enfance difficile ou si elle vit mal son présent, il est souhaitable qu'elle réfléchisse, seule, ou avec quelqu'un de bienveillant, à ce qu'elle est et au pourquoi de sa situation. Cela lui permettra d'éviter de reproduire en conformité ou en opposition un modèle dont elle a souffert. Qu'elle s'y conforme alors ou qu'elle s'y oppose totalement la mènera, fatalement, à des extrêmes plus ou moins préjudiciables en termes affectifs et éducatifs.

Tout cela doit se faire sans culpabilité : il n'y a pas, à nos yeux, de mauvaise mère; il n'y a que des mères qui ont eu plus ou moins de chance, c'est tout. La « mauvaise » mère n'est jamais que quelqu'un qui a, lui aussi, souffert.

Souvenons-nous du cas de la maman de Juliette (voir page 85), cette maman qui, au fond de sa souffrance, avait eu la force de se faire seconder pour aider son enfant.

Des gestes et des paroles quotidiens pour rassurer

Le bébé a encore très souvent besoin du contact corporel avec sa maman. C'est un truisme que de le dire, mais il est bon de le répéter.

S'il a besoin de ce contact corporel, c'est parce que cela le rapproche de l'état antérieur qui était le sien *in utero.* Cela le rassure. C'est un acte régressif nécessaire : le corps-à-corps avec la maman est indispensable. C'est de cette position que le petit va commencer à observer le monde qui l'entoure. C'est parce qu'il est, dans cette position, parfaitement détendu qu'il peut regarder ailleurs...

Sans ce corps-à-corps le bébé essayera de se rassurer à travers son propre corps : le dramatique exemple des bébés sans soins affectifs suffisants illustre bien notre propos. Sans contacts chaleureux ces bébés se rassurent par une autosensorialité et, en particulier, par un auto-balancement... Ils s'autorassurent, en quelque sorte : ce qui est grave, ici, c'est qu'ils restent centrés sur eux-mêmes. S'autorassurant, ils ne peuvent s'ouvrir à la réalité extérieure, car cette réassurance mobilise toute leur énergie.

Le corps-à-corps doit aussi s'accompagner de paroles, de chansons. La prosodie et la tessiture de la voix sont autant d'éléments rassurants pour l'enfant en même temps qu'ils procèdent à son individuation : « Si **je** m'adresse à toi, c'est bien parce que **tu** existes... » Les comptines, les mélodies de nos mères et de nos grand-mères participaient de ce principe à la fois rassurant et individuant. Sans compter qu'ils procuraient beaucoup de plaisir. Bien évidemment les berceuses du soir font partie de ce langage et leur nom est suffisamment évocateur pour qu'il ne soit pas la peine d'insister. Certes, la technologie met à notre service force cassettes, disques et autres moyens d'écoute, mais rien, jamais, ne remplacera la voix de la maman. On nous permettra, ici, de citer rapidement le cas d'Alan.

Alan ou le cœur de rocker

Le cas d'Alan soulève un problème préoccupant : comment arriver à toucher les familles fragiles ? Comment les amener à accepter de l'aide ?

Par familles fragiles il faut entendre familles aux difficultés multiples : affectives, éducatives, culturelles et matérielles. Le ou les parents de ces familles, parce qu'ils ont souvent mal vécu leur école, parce qu'ils sont plus ou moins en marge de la société, ont fini par se défendre contre elles massivement. Y compris lorsqu'on leur tend la main. Pour eux, nous appartenons à un autre monde. Leurs repères d'appartenance ne sont pas les nôtres... Loin d'accepter notre aide, ils la rejettent.

Pourtant, avec Alan, cela s'est passé autrement. Qu'on en juge.

Alan est un petit garçon tout à fait sympathique. Il a quatre ans et fréquente la moyenne section. Fréquente ? Si l'on peut dire : en réalité ses absences sont nombreuses. Elles le sont en tout cas suffisamment pour que l'enseignante s'en émeuve et nous en parle.

Le bilan fait avec Alan révèle un petit garçon souriant mais quelque peu confus. Comment s'appelle maman ? « Euh... elle s'appelle maman ! » Visiblement, notre bambin ignore son prénom. Il y a quelques petits problèmes de prononciation et des structures syntaxiques incorrectes. Il m'apprend tout de même qu'il a « un vrai chien » (sic) qu'il s'appelle Riri et qu'il a un camion et une voiture « qui ne marchent pas... ». « Hier, dit-il, papa a jeté les feutres à la poubelle... parce que j'en avais mis partout... »

Ce qui ressort de l'examen c'est qu'Alan a des possibilités, qu'il a de la vie et des envies, mais que tout cela est un peu anarchique et confus dans sa tête. Tout cela est un peu chaotique parce que mal dit, ou non dit. Il semble, à travers ce qu'il dit, à travers ce qu'il relate, que les choses existent, mais qu'elles ne sont pas sous-tendues par un langage signifiant, par un langage mettant en relation, par un langage porteur de sens.

Je me souviens très bien de la première rencontre avec les parents. Avec le papa en particulier : coiffure de rocker, tatouage, blouson. Il me faisait comprendre, par son regard, toute son hostilité. Il n'aimait pas ce que je représentais et ne dissimulait pas ses sentiments.

Puis, peu à peu, le dialogue s'est engagé : n'étant pas et ne se sentant pas jugé, il a commencé à parler de lui et de son enfance mouvementée. De ses bagarres aussi. Entouré par une mère faible et un père rapidement absent, il s'est trouvé livré à lui-même au milieu d'un environnement peuplé de modèles marginaux. En fait, il se révèle être un grand enfant qui « joue au dur ».

La maman, bien que fragile également, se montre plus douce, plus souriante : avec elle, le courant passe plus facilement. Pour autant, il est clair que mes propos, bien que très adaptés, ne me donnent pas le sentiment qu'ils trouvent beaucoup d'écho chez elle.

L'entretien me révèle qu'ils habitent à cinq dans deux pièces (avec une sœur de la maman et son enfant) et que la cohabitation est loin d'être sereine.

Dans ce chaos, Alan a du mal à trouver sa place, d'autant qu'on ne pense pas beaucoup à lui. Le langage est plutôt injonctif et utilitaire : il n'est pas ou très peu relationnel, il ne met pas en perspective. Il est vrai que les parents d'Alan n'ont pas eu, pour leur part, de modèle auquel ils pouvaient se référer, s'identifier de façon positive.

Je conseille alors d'expliquer les interdits, de lui parler, d'enrichir son langage en lui faisant découvrir son environnement. « Mais, je sais pas grand-chose… », se défend le père. « Ce que vous savez, dites-le : il sera content que ce soit vous qui lui disiez. Il sera fier du savoir de son papa… » Nous demandons de faire des projets avec le petit garçon : « Vous allez faire une promenade samedi ? Dites-le-lui : il sera content de savoir que demain n'est pas inconnu… »

Puis nous suggérons aussi de lui apprendre des chansons : « Mais je sais que des chansons de Johnny* !… » dit le père en riant ; « Eh bien ! chantez-les-lui, apprenez-les-lui ! Il sera très content de chanter avec vous… » Cela a beaucoup amusé le père d'Alan. Je ne peux garantir qu'il l'a fait, mais ce dont je suis sûr c'est qu'il s'est senti fier que je lui assigne un véritable rôle de père, que je reconnaisse ainsi sa valeur…

Les parents sont revenus me voir régulièrement et les progrès d'Alan ont été très sensibles. Il a investi l'école très positivement et ce n'est pas le moindre de ses progrès. Il est vrai aussi que l'école n'a pas hésité à demander au père d'accompagner la classe lors de visites extérieures. Il en était, nous disait-on, très fier. Mais les cœurs de rocker n'ont-ils pas, eux aussi, leur fierté ?

---

* Il faut comprendre ici : Johnny Hallyday.

De l'importance des rythmes et des rituels

La régularité des soins et leur rythme font partie des repères sécurisants dont le bébé a besoin. La fréquence de ceux-ci l'inscrivent dans un mouvement d'où l'angoisse est exclue. Non pas que le bébé intellectualise la situation, mais il la ressent physiquement et psychiquement. La régularité imprime au corps et à l'esprit une sérénité salvatrice.

On imagine facilement les effets désastreux d'une absence de repères fixes en ce domaine. Physiquement et psychiquement l'enfant se sentirait toujours plus ou moins menacé. Se sentant menacé il mettrait alors en place, inconsciemment, tout un système de défense pour lutter contre l'angoisse. Avec ce que ce système de défense impliquerait comme conséquences sur son développement ultérieur.

Rythme ne veut pas dire rigidité. Quelques minutes de décalage ne doivent pas provoquer l'affolement : la capacité d'adaptation du nouveau-né lui permettra d'intégrer, sans anxiété majeure, ces petits décalages.

Dans les pages précédentes nous avons parlé du rituel comme d'un moyen de se rassurer. Le bébé, au cours des premiers mois (et même l'enfant un peu plus grand) peut avoir besoin de ces petits rituels. Nous disons bien « peut » : ils ne sont pas forcément la règle. Le rituel du coucher est, à ce titre, assez exemplaire. Il implique tout un cérémonial qui peut varier d'un enfant à l'autre. Nous l'avons noté : ces rituels-là ne portent pas à conséquence. Ils doivent alerter quand ils perdurent au-delà d'un certain âge ou quand la plupart des actes doivent être ritualisés. Le rituel devient alors un mécanisme rigide de défense contre une cause qu'il faut déceler.

Le rituel du coucher a pour but de sécuriser certains enfants que la nuit et/ou le sommeil inquiètent. Si la nuit inquiète l'enfant, c'est bien parce qu'elle soustrait le petit à ses repères visuels. Ne les percevant plus, il peut être inquiet. Il l'est davantage lorsque ses repères intérieurs sont fragiles. *Idem* pour le sommeil qui induit un état où l'on n'est plus maître de la situation.

L'enfant confronté à cette ou ces peurs a alors recours au rituel qui demande la présence de la maman et un ordre précis de déroulement. La présence de la maman a un côté régressif (elle est proche de lui, comme avant) et l'ordre de déroulement redonne un sentiment de maîtrise de la situation, sentiment momentanément perdu. C'est ce double mécanisme qui donne au rituel sa justification.

Dans les premiers mois peut encore apparaître le fameux doudou ou **objet transitionnel** décrit par Winnicott. Il sert de repère sécurisant. Sa présence rassure. Il est le relais entre l'enfant et le monde extérieur et/ou la situation qui l'inquiète ou peut l'inquiéter. Nous pouvons parler ici de Christine qui avait un petit coussin d'enfant comme objet transitionnel et qui, dès qu'elle sut formuler des phrases, dit à sa maman : « J'aime bien ton épaule : elle est douce comme un petit coussin. » Christine, en quelques mots, nous illustre toute la fonction symbolique de l'objet transitionnel.

L'objet transitionnel est un élément fréquent au moment du coucher. Il est un peu la bouée de secours qui permet au petit de vaincre l'inquiétude. L'objet transitionnel existe parfois les premiers mois et perdure dans les quatre, cinq premières années. En général la place qui lui est donnée s'amenuise avec l'assurance grandissante de l'enfant qui finit, de lui-même, par s'en séparer.

Faut-il interdire l'objet transitionnel ? Certainement pas. Par contre, là aussi, il faut s'interroger si son utilisation se poursuit au-delà d'un certain âge. Il n'est pas nécessaire non plus de l'imposer. Si l'enfant n'en a pas, c'est qu'il n'en éprouve pas le besoin.

Préparer les séparations pour préserver la sérénité

On ne peut parler des repères sécuritaires du tout-petit sans parler de l'importance des séparations. Pour le bébé, nous l'avons dit, tout est nouveau dans le monde qui l'entoure. Il va lui falloir intégrer peu à peu cette nouveauté permanente, ces changements constants. Heureusement, sa maman est là pour l'aider dans cette découverte. Pour faire en sorte que cette découverte se fasse sereinement. **Elle est la personne transitionnelle entre l'enfant et son environnement.**

Peu à peu le petit a autour de lui un certain nombre de repères : sa maman, en premier lieu, mais aussi les autres personnes proches – le père, les frères et sœurs. Enfin, il y a l'environnement matériel proprement dit, le lieu où il grandit. Le lieu avec ses objets, ses couleurs, ses bruits, ses odeurs qui constituent autant de points de repères sécurisants.

Ainsi, un jour, un adolescent nous disait que, petit, il

habitait dans une rue très bruyante : elle était le lieu de passage de nombreux véhicules. Ce bruit de fond quasi permanent qui aurait agacé, voire angoissé tout le monde, avait exactement l'effet inverse sur lui : cela le sécurisait. « Le bruit des voitures et des camions, nous disait-il, me rassurait. » À telle enseigne que lorsqu'il déménagea, ce bruit, pendant un certain temps, lui manqua et le déstabilisa.

Le monde du tout-petit, comme le nôtre, est peuplé d'un ensemble de repères, sensoriels ou non, qui constituent notre univers. Il est semblable à l'atome dont il serait le noyau et dont les repères qui gravitent autour de lui seraient les électrons. La présence des uns et des autres est indispensable à l'équilibre du tout.

Ce qu'il faut retenir, c'est que le bébé se trouve au centre d'un édifice fragile. L'immaturité physiologique et psychologique qui le caractérise fait de lui un être vulnérable. Vulnérable, en particulier, à tout changement brutal de repères. La séparation est l'un de ces changements. Plusieurs types de séparations peuvent se présenter :

– la séparation passagère due à une hospitalisation : la sienne ou celle de sa maman ;

– la séparation fractionnée : la mise en nourrice ou l'entrée à la crèche font partie de celle-ci ;

– la séparation la plus dramatique : bien sûr, liée à la mort.

La séparation passagère due à l'hospitalisation de l'enfant ou de sa maman doit être accompagnée. Aujourd'hui il est rare que la maman n'accompagne pas l'enfant à l'hôpital lorsqu'il doit y séjourner plusieurs jours. On peut encore adoucir l'épreuve en emportant quelques objets familiers à l'enfant : jouets, peluches, vêtements, etc. On comprendra que ces objets doivent être ceux que le petit a autour de lui à la maison, car ils recréeront par leur présence un monde familier autour de lui. L'accompagnement se fera aussi par les mots qui seront dits. Point n'est besoin de discours, les mots les plus simples et les plus sécurisants seront les meilleurs. Autant que les mots, l'intonation de ceux-ci aura aussi un caractère rassurant.

Si c'est la maman qui est hospitalisée, on s'efforcera, au mieux, de passer le relais. Si possible, on emmènera le bébé voir sa maman régulièrement. On lui parlera d'elle en lui disant où elle est et qu'elle va revenir bientôt. Le cas échéant, on pourra laisser à portée de main de l'enfant un vêtement lui appartenant, imprégné de son odeur. Des observations faites aussi bien par Françoise Dolto que par Boris Cyrulnik ont montré que l'enfant était très sensible aux effets vestimentaires et à leur empreinte olfactive.

Le but, chaque fois, est de maintenir autour du petit un maximum de repères possibles. La séparation implique un changement de ceux-ci : à l'entourage d'être attentif à ceux qui peuvent être maintenus et à passer le relais via la parole rassurante et quelques précautions de base.

Ainsi, passer le relais est indispensable dans le deuxième cas de séparation : le moment où l'enfant va chez la nourrice ou en crèche. Pour ce qui concerne la crèche le problème de la séparation est, aujourd'hui, bien pris en compte. La plupart d'entre elles organisent, avant la « rentrée » officielle, une sensibilisation progressive du bébé en laissant la maman l'accompagner pendant quelques demi-journées. Ce passage de relais permet au futur petit pensionnaire d'appréhender ses nouveaux repères en douceur puisque sa maman est là pour faire la transition, pour les découvrir avec lui.

Il n'en est pas toujours ainsi pour ce qui est des nourrices. Nous ne saurions que trop conseiller de s'inspirer du modèle décrit ci-dessus pour la crèche : il importe que la maman fasse le lien de façon progressive entre la maison et ce nouveau lieu et surtout cette nouvelle personne que va connaître l'enfant. Le simple fait de venir parler trois ou quatre fois auparavant avec la future nourrice, dans son environnement, va préparer l'enfant à appréhender sans crainte ce nouveau visage et ce nouveau domaine. Si la nourrice refuse une telle précaution liminaire, il est préférable d'en changer : son attitude serait révélatrice du peu d'intérêt qu'elle porte à l'enfant et, partant, de son incompétence...

Faut-il préciser ici qu'il est préférable d'éviter – si possible – les changements de nourrice à répétition qui multiplient aussi les situations anxiogènes pour le bébé. Il est, de loin, préférable de se renseigner avant sur les compétences de la personne à qui on va confier son enfant.

Dans le troisième cas de séparation, de loin le plus tragique, les effets peuvent être limités pour l'enfant si celui-ci retrouve très vite un substitut constant et rassurant. Ce peut être le papa ou la maman ; ce peut être quelqu'un de proche ; les effets du deuil seront moindres si ce substitut peut apporter la sérénité nécessaire. S'il ne le peut pas, il est préférable que, de son côté, il se fasse épauler. Si le deuil est le cas le plus grave, c'est que le repère majeur de l'enfant disparaît. Sans ce guide essentiel pour lui, il peut être envahi par l'angoisse dans des proportions qu'il est difficile d'évaluer : tout dépend de la relation qu'il avait auparavant avec la personne disparue, mais aussi et surtout de la personne ou des circonstances qu'il va connaître désormais.

Les premiers repères identitaires

Qu'élever un enfant est chose difficile! Difficile parce que cela demande bienveillance, générosité, abnégation, imagination et patience... Parce qu'un enfant ne ressemble jamais à un autre enfant. Parce que chacun est unique et que « ce qui a servi » pour l'un n'est pas transférable, tel quel, à un autre.

La plus grande difficulté semble être liée au passage de la dépendance à l'indépendance. Fragile, l'enfant a besoin de nous : mais comment l'amener peu à peu à se passer de nous sans lui donner le sentiment qu'on l'abandonne? Il y a, dans ce processus, tout un ensemble de stratégies subtiles, menées au jour le jour dont aucun ouvrage, aussi bien fait soit-il, ne donnera jamais toutes les clés, toutes les finesses.

Au vrai, nous le savons, malgré sa dépendance le bébé est déjà une personne. Il va falloir déjà songer à lui donner une identité. Cette identité, nous avons commencé à la lui donner en lui choisissant son prénom et en lui donnant un nom. En parlant de sa venue aussi, bien sûr. Le choix du prénom est un épisode important. Un prénom n'est jamais donné au hasard, sans réflexion. Ce prénom est cherché, discuté, comparé à d'autres et c'est en cela qu'il participe déjà d'une véritable identité : parce qu'il est donné en fonction d'autres prénoms existants, d'un nom existant et du ressenti qu'on peut avoir par rapport à ce prénom-là... et pas à un autre.

Puis, souvent, les premiers mois du bébé voient son entourage souffrir d'une forme d'anthropomorphisme inversé à savoir que l'on affuble le nouveau venu d'un ensemble de petits noms d'animaux : il y a ainsi des « puces » associées à des « chatons », il y a également des « loups » ; il y a parfois des petits « chameaux » et d'adorables petites « biches »... Comment l'éviter ? Nul doute que dans l'inconscient de chacun il y a quelque chose à voir avec ces animaux-là : l'important, ici, c'est le ton qui est donné, c'est la charge affective qui le sous-tend. Toutefois il faut veiller à ne pas abuser des bonnes choses : les petits noms ne doivent pas devenir le prénom. Dès les premiers mois le bébé doit entendre son prénom car il lui appartient, alors que les « puces », « chats » et autres « biches » appartiennent à tout le monde...

L'appeler par son prénom, c'est lui donner son identité.

Cette identité, rappelons qu'il l'acquiert aussi et peut-être même davantage dans l'échange que nous avons avec lui et lui seul. Le regard que nous posons sur lui, les mots que nous lui adressons, les caresses que nous lui faisons participent à son identité. Il y a nous... et lui qui nous répond à sa façon.

À ces premiers repères identitaires que sont les prénoms, noms et relations que nous avons avec le nouveau-né, il faut ajouter les repères matériels. Il a ses jouets, ses vêtements. Le « ses » n'implique pas la multitude. Il implique la pluralité et l'appartenance, pas la multiplicité. La pluralité ouvre son horizon, la multiplicité ne peut que le noyer. Ici, comme ailleurs, le plus tout comme le moins, sont les ennemis du bien.

Famille, je vous aime ?

L'identité de l'enfant est une chose, le fait qu'il se sente appartenir à un groupe en est une autre. Quels sont, pour le tout-petit, les premiers repères d'appartenance ?

Tout d'abord, une mise au point : **le sentiment d'appartenance n'est pas un sentiment d'aliénation non plus qu'un sentiment d'appropriation.** Nous n'appartenons pas au groupe, pas plus qu'il ne nous appartient. Le sentiment d'appartenance nous donne la sensation d'être au cœur d'un groupe qui nous apporte autant que nous lui apportons. Cela ne se traduit pas en échanges de services, mais en termes d'existence ; tout simplement : on « est », on existe au sein d'un groupe. Ce sentiment-là, perçu par nous, et donné par le groupe, permet, dans le cadre de ce groupe qu'est la famille de dire : famille, je vous aime. À l'inverse, si celle-ci veut faire de vous un instrument taillable et corvéable à merci, un objet qui n'est là que pour lui apporter sans qu'elle vous apporte, on peut sans doute dire : famille, je vous hais.

En ce qui concerne le bébé, il « appartient » d'abord à sa maman. Il « appartient » aussi à son papa. C'est à ce niveau de subtilité que se joue la différence entre repères sécuritaires et identitaires et les repères d'appartenance. Les premiers concernent l'enfant seul alors que les seconds le placent au cœur du groupe famille.

Le père, dans le contexte qui nous occupe, est autant le père biologique que le père éducatif. Si, dans la famille traditionnelle, il est la même personne, ce n'est pas le cas dans les familles séparées. Ce qui importe, c'est que l'enfant sache de qui il est le fils ou la fille, mais aussi pour quel groupe il est important. Sur quel groupe il peut compter et quel groupe peut compter sur lui.

Le bébé va ressentir cela à travers les premiers échanges qu'il va avoir ; avec sa maman d'abord, avec l'autre ou les autres membres de sa famille ensuite, mais aussi à travers les échanges des uns et des autres. C'est, par exemple, en lui parlant qu'il va être sécurisé, qu'il va avoir le sentiment de son identité, mais c'est en lui parlant des autres, de papa, de son(ses) frère(s) ou de sa (ses) sœur(s) qu'il aura le sentiment d'appartenir à une famille. Qu'ils soient présents ou absents. Au jour le jour, ce peut être, par exemple : « Papa est parti travailler : il rentrera à six heures... », ce peut être encore : « Ton frère Maxime est à l'école, il viendra te voir tout à l'heure... » La façon dont on lui parlera des autres mais aussi dont les autres parleront entre eux participe de ce sentiment d'appartenance à la famille. Tout cela sera *intuitionné* par le petit, comme le disait Françoise Dolto.

C'est en lui parlant des autres qu'on les fera exister autour de lui. Certes, la présence effective est importante, mais leur présence oralisée l'est également. C'est ainsi qu'une maman veuve peut faire « vivre » le papa décédé.

Attention toutefois : s'il est important de parler des autres, il est important, aussi, de ne pas en parler tout le temps. Le sentiment d'appartenance naîtra de cet équilibre. L'enfant doit entendre, doit savoir, mais il n'a pas non plus à être noyé par la parole que ce soit dans ce cas ou dans d'autres.

Lorsque nous disons que c'est en parlant de son papa qu'une maman veuve fait vivre celui-ci pour son enfant, il s'agit, si possible, de raison garder. Il ne s'agit pas de lui en parler tout le temps et sans arrêt : cette absence douloureuse ne doit pas être compensée par une hyperprésence verbale serait rapidement envahissante. Le papa décédé, dans ce cas, deviendrait vite, malgré son absence, un envahisseur oppressant...

Mari et épouse, ou père et mère ?

Le bébé, l'enfant, a un papa et une maman. Si la réalité est physiologique, elle est aussi psychologique. Là où les choses se « compliquent », c'est que ce papa et cette maman sont souvent... mari et femme. S'ils ne sont pas mari et femme, ils sont concubins ou, tout simplement, un couple. Tout est pour « le mieux dans le meilleur des mondes possibles » quand ledit couple vit en harmonie. Elles se compliquent singulièrement quand ce n'est plus le cas. Et ce, pour tout le monde. Tout le monde souffre : adultes, mais aussi enfants.

Le problème du divorce ou de la séparation a toute sa place dans un ouvrage consacré aux repères. Car celui-ci ou celle-là sont typiquement des cas de changement de repères.

Il y a quelques années le divorce ou la séparation étaient mis en avant comme explication à de nombreux maux de l'enfance. Notre expérience professionnelle nous amène à apporter quelques précisions : il y a de « bons » mariages qui perdurent comme il y a aussi de « bons » divorces ou de « bonnes » séparations. Comme il existe de « mauvais » mariages qui perdurent et de « mauvais » divorces ainsi que des « mauvaises » séparations. C'est indéniable : ces deux derniers cas impliquent un bouleversement des repères de l'enfant, mais ce bouleversement peut être positif.

Il l'est quand ce changement de repères ne menace pas outre mesure sa sécurité; quand l'enfant reste un sujet et non pas objet. Objet, par exemple, d'un chantage quelconque et, surtout, quand les rôles des deux partenaires du couple sont bien dissociés de celui de père et de mère. En clair : on peut reprocher ce qu'on veut à son partenaire, mais il importe de le respecter en tant que père ou mère aux yeux de l'enfant. Si cette distinction est difficile à faire, au moment de la séparation même, il est urgent de la rétablir après.

Car, pour l'enfant, ne l'oublions pas : ses deux repères capitaux sont sa maman et son papa. Qu'une femme (ou un homme) ait quelque chose à reprocher à un homme (ou une femme), c'est son problème! Pour lui, cette femme et cet homme, ce sont sa mère et son père et, en tant que tels, il n'y en a pas de meilleurs. Ce sont les siens. Il n'en connaît pas d'autres et il ne les compare à aucun autre. Ce qu'ils sont, ce qu'ils disent et ce qu'ils font sont pour lui paroles et actions d'évangile...

S'il entend parler négativement de l'un ou de l'autre, c'est pour lui un facteur de déstabilisation important. Qui a raison ? Qui à tort ? En qui doit-il placer sa confiance ? En quoi doit-il croire ? Et quel est cet autre dont on parle si négativement ? Cet autre, il en est le fils ou la fille : si cet autre est si « mauvais », ne l'est-il pas, lui aussi, d'une certaine façon ?

Et plus il est petit, plus l'enfant a besoin de faire confiance ; plus sa dépendance est grande, plus il se repose sur sa maman et son papa. Si l'un ou l'autre, par ses propos ou ses actes, déjuge ou flétrit son partenaire, il fragilise de façon considérable l'un des deux piliers sur lesquels il s'appuie.

Par contre, s'il le respecte, il permet à l'enfant de le conserver comme repère solide. Le propos peut très bien être le suivant : « Tu sais je ne m'entends plus avec... (Alexandre, Georges, Marguerite ou Gertrude), mais c'est ton papa (ta maman) et ce qu'il (elle) dit et fait pour toi est très important. Je ne pense pas comme lui (elle), mais il (elle) a ses raisons et je les respecte. »

Ces propos vous restent en travers de la gorge ? Ils vous semblent impossibles à dire ? Alors ne dites rien et l'enfant se fera sa propre opinion. Avec le temps il y parviendra sans peine.

En vous opposant à votre partenaire, en le dénigrant, en jugeant négativement ses actes et ses propos, vous vous ferez peut-être du bien, mais n'oubliez pas que ce sera au détriment de votre ou de vos enfants davantage qu'à celui dudit partenaire.

Que ressentira-t-il? Que pensera-t-il de ce papa ou de cette maman qu'on lui présente sous un aussi mauvais jour? Pourquoi l'a-t-on choisi pour être son père ou sa mère s'il (elle) « était si mauvais(e) » que cela? Si l'ancien conjoint est rejeté et méprisé, pourquoi ne serait-il pas, un jour, rejeté ou méprisé de la même façon?...

Voilà quelques-unes des multiples questions angoissantes que peut se poser l'enfant devant lequel on dénigre son papa ou sa maman.

De la même façon, le fait que vous n'ayez pas été un homme (ou une femme) idéal(e) en tant que partenaire ne vous enlève rien en qualité de père ou de mère. Ce sont deux rôles différents. Qu'ils soient plus ou moins faciles à jouer suivant qu'ils se jouent à deux ou non est une autre histoire...

En termes de repères d'appartenance pour l'enfant, le respect de l'autre est fondamental. Le respect de ce père ou de cette mère de cet enfant implique qu'on le respecte, lui. Cela implique aussi qu'il vous respectera à son tour ultérieurement. À l'inverse, il ne faudra pas attendre de respect de la part de quelqu'un qui n'aura vécu et entendu que l'irrespect autour de lui. Que ce soit dans le cadre du mariage ou hors de celui-ci.

Pour notre petit enfant la règle reste valable. Ce qu'on va dire des autres autour de lui et la façon dont il les voit vivre vont lui donner envie de vivre dans cet environnement-là, dans cette famille-là. Ceux-là ou celles-ci vont sans doute gagner à être connus, à être mieux connus; et ce sera agréable de vivre avec eux, au milieu d'eux. C'est agréable pour lui de se sentir exister au milieu d'eux et, déjà, d'y avoir sa place et de sentir que sa présence leur apporte aussi plaisir et satisfaction.

L'éduquer pour en faire un des nôtres

Les règles éducatives font partie des repères d'appartenance. Ce sont elles qui donnent, d'une certaine façon, les règles du jeu social. Il ne peut y avoir de bonne appartenance sans elles. Y compris pour le très jeune enfant.

Bien évidemment, en ce qui concerne le bébé, celles-ci sont très souples. Mais elles existent. Le simple fait de l'installer dans un rythme régulier pour son alimentation est un geste éducatif. C'est, typiquement, un geste de réciprocité dans la mesure où l'on répond à un des besoins fondamentaux, mais où on lui « demande » de s'adapter, peu à peu, à un rythme. Ce rythme est le sien propre dans les premières semaines puis il prend en compte, progressivement, les besoins de repos de la mère...

Éduquer, c'est faire passer du principe de plaisir au principe de réalité. Pour le bébé le plaisir est apporté par la satisfaction de ses besoins, satisfaction qui est à son maximum *in utero*. La naissance le confronte au principe de réalité : il n'est plus seul, il doit compter avec les autres et s'adapter à eux, comme eux vont s'adapter à lui.

Chaque maman le sait : c'est à elle qu'est demandé, en priorité, cet effort d'adaptation. C'est elle qui fait les premiers pas. Si elle est « suffisamment bonne », ainsi que le décrit Winnicott, elle sent implicitement comment, peu à peu, répondre à ses besoins de façon satisfaisante. C'est-à-dire ne pas répondre immédiatement et tout de suite à chaque sollicitation, pressentir l'urgence et, doucement, avec bienveillance, l'amener ainsi à différer un peu son plaisir. Cette maman «suffisamment bonne» ne va pas au devant de la demande, ne la devance pas, non plus qu'elle ne la diffère exagérément. Elle amène son enfant à s'accorder aux règles de la vie de famille... en douceur.

Ce qui importe de retenir et de souligner une fois encore, c'est que ces «règles» ne doivent être ni trop rigides ni trop souples. Et aussi et surtout : elles seront acceptées et intégrées par le petit s'il se sent sécurisé, aimé. S'il sent que ces règles n'ont pas pour but de l'asservir, de lui nuire, mais de l'inscrire favorablement dans la communauté familiale d'abord, dans la communauté sociale ensuite. Ce point-là est capital : pas d'éducation constructive et saine sans affection, sans sentiment de sécurité, de quiétude affective...

Ses premiers plaisirs : lui, vous et ses objets

Dès les premiers jours, le nouveau-né éprouve du plaisir. Dès les premiers jours, il faut lui apporter des repères qui vont lui apporter ces plaisirs, des repères hédoniques.

Il faut savoir que les premiers plaisirs de l'enfant lui sont apportés par... lui-même. Il a de la satisfaction à bouger son corps, à le toucher. Sucer son pouce est ainsi un acte d'autosensorialité, mais chaque parent peut observer que le bébé a du plaisir aussi à prendre ses pieds et à jouer avec... à les mettre, eux aussi, dans la bouche.

Si la bouche est la première source de plaisir de l'enfant, c'est parce que c'est par là qu'il est nourri, que cette tension provoquée par la faim est calmée, apportant ainsi satisfaction...

C'est en se référant à cette partie du corps, source des premiers plaisirs, que Freud a parlé de **stade oral.**

Tout parent a pu encore observer que le tout-petit aime porter les objets à sa bouche : on peut supposer que c'est toujours parce que cette zone corporelle est la première source de satisfaction qu'il « teste » son environnement à travers cette épreuve...

Ainsi, son propre corps est pour l'enfant source de satisfactions. C'est ce que la psychanalyse décrit comme le **narcissisme primaire**. Souvenons-nous encore des enfants roumains qui ont été abandonnés très tôt : la plupart en sont restés à cette autosensorialité parce que le manque de relation à l'autre ne leur a pas permis de découvrir d'autres plaisirs.

La seconde source de plaisir de l'enfant, c'est vous. C'est des relations corporelles, orales qu'il aura avec vous qu'il tirera également ses premiers plaisirs. Nous avons parlé du corps-à-corps indispensable à sa sécurité; le bercement, parce qu'il réactive certainement chez le bébé un épisode antérieur à la naissance, est aussi source de plaisir. Il jouera avec vos mains, vos cheveux... qu'il tirera parfois avec une innocente violence, peu maître qu'il est de ses mouvements... Il jouera avec vous, votre corps et vos vêtements comme il joue avec son corps et sa vêture. Il joue pour découvrir, il joue pour le plaisir.

Si, avec le papa, les contacts corporels sont un peu

plus « rudes », ils sont également des expériences intéressantes ; parce que le corps, toujours lui, éprouve des sensations. Ces premières sensations qui donnent aussi du sens à la vie.

La troisième source de plaisir est apportée au tout-petit par les objets, par son environnement. Les jouets font, bien évidemment, partie de ceux-ci. Il aime les jouets aux couleurs vives, aux bruits assez prononcés (parfois trop !), ceux qui lui apportent des sensations tactiles agréables ; à travers eux, il exerce ses sens : sa vision, son ouïe, son toucher, sont aussi sensibilisés à travers ces expériences diverses.

Nul n'est besoin de multiplier à l'infini ces agréables stimuli : la multiplicité, nous l'avons dit, ne lui permettrait pas une découverte satisfaisante. Trop de stimuli sont aussi préjudiciables à l'exercice des sens qu'une absence totale de ceux-ci. Quelques jouets et peluches suffisent amplement à lui apporter le plaisir dont il a besoin. Il faut préciser encore qu'à travers ces repères hédoniques l'enfant va développer son intelligence. C'est à travers ses premières expériences ludiques que le bébé va mettre en place un certain nombre de schémas neuronaux, schémas qui lui seront utiles, ultérieurement, pour des activités d'apprentissage autres que ludiques. En psychologie scolaire il est frappant de constater à quel point les enfants qui ont été privés de ces premiers contacts avec des jeux diversifiés sont, par la suite, pénalisés sur le plan cognitif.

Aujourd'hui, à l'école maternelle, les enfants qui semblent les plus démunis intellectuellement sont souvent les enfants du voyage car ils n'ont pas les jeux de leurs petits camarades. Léo, dont nous allons parler maintenant, n'est qu'un exemple parmi d'autres...

Léo ou le choc des cultures

À huit ans, Léo fait ses premiers pas à l'école. Oui, ses premiers pas. Ses parents ont décidé de le scolariser ainsi que ses cinq frères et sœurs. Pourquoi? « Pour écrire et lire », me dit Léo. C'est important de savoir lire? « Oui, pour avoir le permis (il parle du permis de conduire)... »

Léo et sa famille habitent dans une caravane avec laquelle ils font le tour du pays. Le petit garçon a un rapport staturo-pondéral inférieur à la moyenne; toutefois, il a un bon visage coloré, détendu.

À quoi joue-t-il? « J'fais du vélo, je joue autour de la caravane... » A-t-il d'autres jouets? Oui, il a des petites voitures dont une téléguidée et un camion. Et aussi : « Mon frère, il a une petite moto! », lance-t-il avec fierté. Son frère a deux ans de plus que lui et il a une petite moto-jouet qui lui permet de se déplacer.

Outre ces jeux de mouvement, Léo regarde la télévision, des cassettes principalement. Il regarde des « Mickey », des films de « karaté, de boxe, de guerre... ». Pour sa part, Léo aimerait, plus tard « faire de la ferraille. » La raison? « J'achèterais une voiture, je changerais de caravane et de camion... J'aimerais voyager. »

Avec ses mots à lui, avec son vocabulaire limité, avec ses structures syntaxiques très imparfaites, Léo me raconte son univers et les désirs qu'il suscite.

On l'a compris : son univers, c'est la caravane avec la voiture qui la tracte. Son rêve pour demain, c'est changer de voiture et de caravane.

Léo est-il malheureux ? Pas le moins du monde ; l'entretien nous montre un enfant plutôt bien dans sa peau. Il y a, ici, une vie de famille riche affectivement, avec ses repères particuliers. Ici, il y a sécurité affective et les repères d'appartenance sont forts. Dans le milieu qui est le sien, Léo est heureux. Il l'est un peu moins lorsqu'il s'agit de rencontrer le monde de l'école : ses lois et ses repères ne sont pas ceux qu'il a connus jusqu'alors. Les jeux de son enfance, on l'a noté, tournent une fois de plus autour de la caravane : ce sont essentiellement des jeux corporels, des jeux de mouvement, extrêmement répétitifs, peu créatifs. *Idem* pour les jeux d'« intérieur » : voitures, camions et autres véhicules restent les seuls centres d'intérêt.

Au reste, rien que de plus normal à tout cela : les points de repère du petit garçon sont sa famille, sa caravane et ce qui gravite autour de celle-ci. A-t-il des souvenirs de voyage ? Très peu, très fragmentaires. On voyage, mais on ne visite pas : l'univers de l'enfant se situe, où qu'il soit, autour de la caravane.

Dans ce contexte, Léo est épanoui, heureux.

Ceci étant, il n'est pas du tout prêt à faire l'apprentissage de la lecture qu'il souhaiterait et ce, pour plusieurs raisons.

Intellectuellement, il est limité. La pauvreté de ses jeux, de ses activités, l'absence de préscolarisation, ont sérieusement invalidé ses processus cognitifs. Cinq épreuves de manipulation (puzzles, cubes, etc.) lui donnent un Q.I. de 46 (rappelons que le Q.I. moyen est de 100). Mais c'est vrai que le test a été « fabriqué » pour des enfants de socio-culture traditionnelle, enfants qui, petits, jouent entre autres avec des puzzles et des cubes.

Je ne fais pas passer d'épreuves de culture générale ou scolaire au petit garçon car je pressens les résultats... Léo n'est pas intelligent ? Disons plutôt qu'il a une intelligence adaptée à son mode de vie. Dans le cadre de celle-ci, tout va bien. Cela se complique lorsqu'il y a rencontre avec un autre mode de culture.

Le second obstacle de Léo à l'apprentissage de la lecture est son absence totale de motivation pour cet acte. Le désir du permis de conduire se révèle de bien peu d'effet.

Son absence de motivation trouve son origine dans son histoire : ses parents ne savent pas lire. Ne sachant pas lire, il n'y a pas de livres à la maison. Le livre, pour Léo, est une abstraction, ne correspond à rien chez lui, n'évoque rien, ne réveille rien, ne suscite rien. Comment avoir envie de lire dans ces conditions ? Plus embêtant encore : la répétitivité des jeux, son univers limité, l'absence de stimulations, ont éteint chez Léo ce qu'on appelle, en termes techniques, sa ***pulsion épistémophilique.*** Plus simplement : sa curiosité.

Au vrai, Léo n'a pas le désir d'apprendre, de découvrir : son univers lui suffit amplement... Dans celui-ci, avec ses repères restreints, il est heureux et, aujourd'hui encore, il ne comprend pas vraiment ce qu'il fait à l'école...

Les repères des tout premiers mois sont déterminants pour le bébé. Ils le sont du fait de l'extrême dépendance du tout-petit. Ils le sont du fait qu'il n'a pas la maturité physiologique ou psychique qui vont lui permettre de faire face. Et d'une certaine façon, il ne fera jamais face : il se défendra à sa manière. À savoir qu'il pourra déjà manifester son mécontentement par de l'agitation excessive, ou de la peur par un retrait massif. Il peut aussi, à sa façon, « couper la communication » face à quelqu'un qui ne communiquerait pas avec lui de façon satisfaisante ; il peut encore somatiser.

Tout petit, il peut déjà réagir. Son drame est que les signaux qu'il envoie pour cela ne sont pas forcément décelables par son entourage. Ils peuvent demeurer incompris. Plus grave encore : ils peuvent déjà être connotés péjorativement et engendrer un processus de cercle vicieux négatif.

Le bébé a besoin de repères sécuritaires, identitaires, d'appartenance et hédoniques. La présence des premiers permet une meilleure mise en place des trois autres. S'ils lui sont apportés de façon à peu près satisfaisante, il n'aura pas à se défendre de façon excessive et pourra donc s'ouvrir et s'intéresser au monde extérieur en en acceptant les premières règles et en trouvant du plaisir à être dans ce monde-là. Ils seront les atouts majeurs qui lui permettront de faire face aux situations nouvelles qui vont continuer à se présenter à lui.

Les repères des premiers mois, récapitulatif

Rappelons que les repères peuvent revêtir trois formes. Ce sont les repères humains, matériels et abstraits. Tous ont, peu ou prou, quatre objectifs : sécuriser, donner une identité forte, induire un sentiment d'appartenance et, enfin, donner du plaisir. Cet ensemble d'objectifs structure l'enfant et donne un sens et du sens à sa vie.

Les tout premiers mois se caractérisent cependant par l'impérieux besoin de repères sécuritaires, donnés par la mère ou le père et par l'ensemble des repères matériels rassurants (*cf.* page 85 et suivantes). Ces repères sécuritaires sont fondamentaux pour le tout-petit car il est dans sa période de plus grande dépendance.

Puis viennent les repères identitaires qui sont d'autant plus difficiles à mettre en place que l'enfant ne maîtrise pas le langage. Il parle… mais essentiellement avec son corps (*cf.* page 98).

Les repères d'appartenance sont ressentis par l'enfant en fonction de ce qui se dit autour de lui et à l'extérieur (*cf.* page 100).

Les repères hédoniques, des repères de plaisir, lui sont procurés d'abord par son propre corps et par son ou ses partenaires humains ; après, seulement, la manipulation, l'olfaction, l'audition et la sensation tactile apportées par certains jouets lui donnent du plaisir à vivre (*cf.* page 107).

IV

Les repères des premières années

Si les repères de « base » qui concernent les tout premiers mois de l'enfant sont nécessaires, ils ne sont pas suffisants.

Plus l'enfant est dépendant, plus il a besoin de repères. Notre objectif, dans cet ouvrage, est d'indiquer quels sont ces repères, comment ils agissent et pourquoi ils sont indispensables. **Notre propos est de suggérer qu'il n'est de bon repère dont on ne puisse ultérieurement se passer.** Précisons notre pensée. L'enfant a besoin de repères. Ceux-ci lui sont, dans un premier temps, apportés par l'extérieur. Le but avéré est de faire en sorte qu'il s'approprie ces repères, qu'il les fasse siens et que, d'une certaine façon, il puisse ainsi se passer de l'aide extérieure.

Soyons plus clairs encore. L'observation que nous pouvons faire (nous et tous ceux qui se penchent sur la psychologie de l'enfant) à travers la pratique quotidienne de l'examen de centaines d'enfants nous montre ceci : si, au cours de son développement, l'enfant a eu la chance, au bon moment, d'avoir les bons apports nécessaires, les bons repères, il les fait siens et peut poursuivre harmonieusement son développement. S'il n'a pas eu cette chance, il continuera à les chercher et dispensera son énergie psychique ou il luttera contre son environnement qu'il percevra comme menaçant.

Un enfant qui a eu de bons repères sécuritaires les fera siens et pourra aller en toute sérénité à la découverte du monde qui l'entoure. Il aura « métabolisé » psychiquement ces repères, ils lui appartiendront et lui donneront la quiétude nécessaire à une bonne évolution.

Un enfant qui a eu de bons repères identitaires sait qui il est, peut s'affirmer et ne dépend plus des autres. Il est lui, il le « sait » (très implicitement, très intuitivement, très inconsciemment) et, de ce fait, n'a pas besoin, n'a plus besoin de quelqu'un d'autre pour le lui dire ou l'influencer. Celui-là n'est pas à la merci d'influences plus ou moins saines... Celui-là n'a plus besoin, à l'école, d'avoir quelqu'un à côté de lui constamment pour l'aider à travailler ; il ne risquera pas, ultérieurement, de tomber dans les griffes d'individus ou de groupes malsains.

Ces bons repères identitaires, apportés au bon moment, il se les est appropriés. Ils sont à lui. Ils sont LUI... et c'est quelque chose qu'il n'a plus à rechercher à l'inverse de celui qui, toute sa vie, cherche toujours, à travers le regard des autres plus ou moins bienveillants, qui il est.

Un enfant qui a eu de sains repères d'appartenance au bon moment saura à quel groupe il « appartient », c'est-à-dire quel groupe le soutient et quel groupe il soutient. Il saura aussi quels sont les idéaux qui sont les siens et qui l'aident à donner un sens et du sens à sa vie. Il saura tout cela sans être pour autant aliéné à un groupe ou à une croyance. L'un et l'autre lui apportent autant qu'il leur apporte. Si ces repères sont sains, il sera toujours respectueux de l'autre et des groupes ou des croyances différents des siens.

Ces repères d'appartenance, apportés au bon moment, seront assimilés par l'enfant et n'en feront pas une proie facile pour des groupes ou des croyances plus ou moins bien intentionnés.

Un enfant qui a eu de « sérieux » repères hédoniques (si l'on peut dire !) a toutes les chances de trouver du plaisir à la vie. Un plaisir sain fait d'intérêt à des activités diverses, à des occupations variées. Celui-ci n'aura pas à rechercher du plaisir dans des activités ou des substances néfastes à sa personnalité ou à son organisme.

Le bon moment

Puisque nous parlons du « bon » moment pour donner les « bons » repères, le lecteur pourra s'étonner de notre manque de précision quant à des âges donnés. Nous avons parlé des repères des premiers mois, nous allons parler de ceux des premières années puis nous nous pencherons sur l'adolescent. À chaque fois nous abordons de larges phases dans le développement de l'enfant. Si nous ne donnons pas d'âge plus précis, c'est bien parce que chaque enfant est différent d'un autre. C'est aussi parce que les différents repères dont nous parlons doivent être apportés de façon concomitante : l'un ne doit pas devancer l'autre et vice versa. C'est encore parce qu'ils ne s'emboîtent pas les uns dans les autres : parce qu'ils ne « s'empilent » pas à la façon d'un jeu de construction. Ils se juxtaposent, interagissent. Ainsi, par exemple, si les repères sécuritaires sont plus importants dans les premiers mois,

Quand les repères manquent

Si c'est vrai que les repères des premiers mois et des premières années sont fondamentaux, quelques parents pourront s'interroger : que faire si on ne les a pas donnés ? Que faire si l'enfant ne les a pas intériorisés ? Le cas de Thomas dont nous avons parlé page 68 et les observations que nous avons faites quant à la prise en charge de l'enfant en difficulté sont une réponse.

Si, pour une raison ou une autre, l'enfant n'a pas eu la chance d'avoir les « bons » repères au « bon » moment, il faut songer à les lui donner par le biais d'une ou plusieurs aides qu'il faut déterminer avec le spécialiste. Ce sur quoi nous insistons, c'est que l'aide – aussi efficace soit-elle – ne sera vraiment performante que si tout le monde (parent(s) y compris) peut se mobiliser autour de l'enfant. Ce peut être une prise de conscience, un changement d'attitude, d'habitudes, etc. ; ce n'est pas forcément très lourd, mais encore faut-il en prendre conscience, l'analyser et pouvoir le modifier…

Actuellement toutes les écoles bénéficient de l'aide d'un psychologue scolaire. Il y a aussi les CMPP, CMS ou les pédo-psychiatres privés.

ils restent essentiels dans les premières années même si, peu à peu, l'enfant est plus à même de maîtriser la situation. C'est tout aussi vrai pour les autres repères : ils sont toujours importants, mais ils prennent une autre forme et sont donnés de façon différente.

Notre objectif est de dégager l'essence de ces repères fondamentaux, de dire en quoi ils sont importants et quelle est l'incidence de leur présence ou de leur absence. À chaque parent, ensuite, d'adapter leur application à leur(s) enfant(s).

Au vrai, il nous apparaît impossible de donner des indications aussi précises que : à tel âge il faut donner tel repère. Ce sur quoi nous insistons, ce sont les fragilités de l'enfant et les repères dont il a alors besoin pour y faire face et les dépasser. Il ne s'agit pas de placer l'enfant au milieu d'un monde où tout obstacle, toute difficulté serait bannie... Il s'agit plutôt de donner les éléments qui lui permettront de les affronter sans angoisse massive; qui lui permettront de les dépasser pour aller de l'avant. Françoise Dolto parlait de l'enfant « allant-devenant ». C'est exactement de cela qu'il s'agit : il n'y a de bon développement que celui qui se confronte à la réalité avec ce qu'elle peut avoir de difficile, de douloureux. Le but n'est pas de les éviter, non plus que de les chercher, mais bien d'y faire face et de les dépasser. En tant que parent, c'est cette capacité que nous pouvons essayer de donner au mieux à nos enfants. Au mieux n'implique pas la perfection, il implique aussi le fait d'accepter les erreurs et c'est aussi à travers elles que l'enfant se construira... car il n'évolue pas dans un monde parfait : le fait que nous ne le soyons pas le lui fait déjà comprendre. Les seules erreurs massives qu'il importe, si possible, d'éviter sont les attitudes et les comportements caricaturaux dans leur rigidité ou dans leur laxisme, dans leur incohérence ou dans leur instabilité.

Des premiers pas aux premiers mots

Les premiers repères sécuritaires ont été apportés au bébé en l'installant dans un rythme régulier, en le plaçant dans un environnement globalement stable, en préparant les séparations, en lui parlant, en le câlinant.

L'apprentissage de la marche, celui de la propreté et l'accès aux premiers mots puis aux premières phrases sont les trois conquêtes essentielles de l'enfant de la première à la deuxième année. Essentielles parce qu'elles constituent les trois phases capitales pour l'accession à l'indépendance. Et c'est peut-être à ce moment-là que le métier de parent est le plus difficile. Car il s'agit de trouver la juste mesure entre la dépendance encore très forte du tout-petit et son désir d'accès à l'indépendance.

Il faut penser que, pour l'enfant, il fait en un an (plus ou moins quelques mois) trois acquisitions qui vont changer fondamentalement ses repères. Mais s'il est difficile d'établir une classification dans l'importance des phases de développement de l'être humain, on peut considérer que la deuxième année est l'une des phases clés de celui-ci dans la mesure où de nombreux repères sont bouleversés. Ceux-ci vont être notablement élargis. C'est, pour le tout-petit, une phase de changements multiples ; c'est donc, comme nous l'avons noté, une phase anxiogène. L'enfant va être partagé entre le désir de découverte, de liberté et celui de sécurité qu'il connaissait auparavant. Il « avancera » s'il peut découvrir, s'il peut explorer, s'il peut, en un mot, accéder à un peu d'indépendance, en toute sécurité. Si ce n'est pas le cas, sa tendance sera de régresser et de rester à un stade antérieur : cela se traduira alors par un désir constant d'être porté ou transporté, et/ou par une persistance au « parler bébé », et/ou des difficultés à être propre, et/ou par le besoin d'être encore nourri au biberon ou avec l'aide constante de l'adulte.

Les premiers pas sereins

L'apprentissage de la marche est certainement celui qui illustre le mieux le besoin de repères sécuritaires de l'enfant. Sa faculté à aller de l'avant sera intimement liée à la faculté qu'aura l'adulte à le laisser aller dans ce sens. En fait, il s'agit, pour ce dernier, d'essayer de maîtriser (si possible) au mieux ses angoisses et/ou son propre désir de sécurité. Le parent très angoissé sera derrière chaque pas de son enfant car tout pour lui sera danger : ce faisant, il communiquera cette crainte à son enfant qui percevra son apprentissage et le monde qui l'entoure comme tels. On comprendra aisément ce qu'une telle attitude peut avoir de pénalisant pour le présent et l'avenir de l'enfant. Le papa (ou la maman) qui tient à préserver sa propre sécurité construira, autour de son enfant, un mur d'interdits ou limitera exagérément son champ d'action : le désir de sécurité du premier sera préservé au détriment du plaisir de découverte de l'autre. Il nous est arrivé ainsi de rencontrer un petit garçon qui avait été limité dans ses découvertes. Il s'agit de Bastien.

Bastien ou l'importance des interdits

Nous surprenons tout le monde en disant qu'en psychologie scolaire il nous arrive de voir des enfants de petite section. C'est-à-dire des enfants de trois, voire parfois deux ans. Et de s'étonner : un enfant de cet âge peut-il avoir des problèmes ? Peut-on les voir ?

Oui, malheureusement, un enfant de cet âge peut avoir des problèmes ; oui, heureusement, on peut les voir. À travers, en particulier, son comportement, ses attitudes, ses somatisations, qui sont autant de symptômes.

C'est justement parce que Bastien a un comportement bizarre en petite section qu'il m'est signalé. Ainsi, au goûter, il tient sa tartine de confiture à l'envers sans que cela le préoccupe outre mesure... Ses jouets, il les manipule comme s'ils étaient « en dehors de lui », comme s'ils n'avaient pas de sens, comme s'ils n'avaient pas de finalité. Les uns et les autres sont utilisés avec la même distance, comme des objets insignifiants (dans l'acception : sans sens). En entretien, il ne regarde pas son interlocuteur, répète mes phrases, paraît « en dehors ».

Le tableau qu'il présente, à trois ans, est assez sombre. Nous avons là, une fois encore, un enfant peu vivant, pas intéressé du tout par son environnement. Il n'a pas de camarades.

Les parents parlent d'un enfant « sage » et notent également qu'il ne pose pas les questions qu'un enfant de cet âge commence à poser (et pourquoi ci ? Et comment ça ?...). Si, pourtant, une occupation semble l'intéresser au plus haut point : « Il écoute de la musique pendant une heure, une heure et demie... ». J'apprends que c'est une musique qu'il entendait lors de ses premières semaines ; seule, cette musique paraît capter son intérêt.

Mais les parents révèlent aussi que de deux mois à un an et demi Bastien était chez une nourrice particulièrement odieuse : celle-ci lui interdisait tout mouvement, le laissait au lit toute la journée et l'enfermait même parfois dans un placard... Les parents malheureusement n'avaient eu vent des faits que trop tard.

On imagine facilement les conséquences de cette lamentable attitude : Bastien avait été entravé à l'âge des premières découvertes du monde. À cette période où l'intérêt de l'enfant pour ce qui l'entoure se renouvelle tous les jours, on l'avait empêché (pire : découragé) de faire des apprentissages, de s'intéresser à son environnement. Il ne jouait pas ou très peu et n'expérimentait pas les objets de tous les jours. Ce qu'il faisait le soir, à la maison, ne compensait pas les irrémédiables lacunes de la journée... Il n'est pas étonnant, dans ce contexte, de le voir « sage ». Et plutôt que de sagesse il faudrait parler d'inhibition, de retrait.

Des aides sont aussitôt mises en place pour Bastien : rééducation à l'école et ateliers thérapeutiques à l'extérieur. De mon côté je donne quelques pistes de réflexion aux parents et les rencontre à plusieurs reprises. Malheureusement, l'enseignante de maternelle se révélera, cette année-là, totalement défaillante et ne sera d'aucun secours pour Bastien (elle-même était aux prises avec de grosses difficultés personnelles).

L'année suivante ne sera pas plus positive pour l'enfant : il change d'école, mais n'est pas davantage pris en considération par l'enseignante. De mon côté je ne peux plus suivre la famille car l'école dans laquelle Bastien se trouve n'est pas dans mon secteur d'intervention.

Or, je l'ai dit par ailleurs, l'école peut être un lieu thérapeutique... si l'enseignant(e) a un regard bienveillant et sollicitant pour l'enfant. Malheureusement, pendant deux ans, Bastien n'a pas eu ce regard posé sur lui.

Un second déménagement fait arriver Bastien en grande section, à cinq ans, dans une troisième école, et là, enfin, il rencontre une maîtresse dynamique, souriante et bienveillante. Elle sollicitera Bastien, l'encouragera. Le hasard fait que cette troisième école se trouve de nouveau sur mon secteur de travail : je reprends contact avec les parents... pendant qu'une maîtresse d'adaptation vient également apporter son appui.

Peu à peu Bastien évolue. Il sort de son monde progressivement pour entrer en relation, pour entrer dans la réalité. En fin de grande section, il a conscience de lui et des autres, mais il reste malgré tout très passif. Ses jeux restent encore très (trop) ritualisés, très (trop) répétitifs. Il manque encore de cet allant, de cette poussée vers l'avant qui caractérise l'enfant de son âge.

Il passera au CP malgré tout et les parents, jamais, ne se découragent : ils essaient, toujours, de le stimuler, de le pousser…

Bastien progresse. Certes, il reste encore un peu rigide, mais le nouveau l'inquiète beaucoup moins qu'auparavant ; c'est un vecteur de progrès considérable.

Aujourd'hui, le petit garçon est toujours dans le cursus traditionnel ; ce n'est pas facile, mais on continue à noter des progrès dans sa personnalité, plus en relation, plus ouverte, plus gaie aussi.

Au vrai, l'expérience tragique de Bastien nous fait toucher du doigt toute l'importance des premières découvertes, des premiers pas et des interdits qui y sont rattachés. C'est une phase de développement où, en termes de curiosité présente et à venir, d'appétit du monde, tout se joue : suivant l'attitude des parents ou de celui qui en a la charge, l'enfant trouvera un vecteur de progrès et de vie considérables.

Au jour le jour, la sécurité de l'apprenti-marcheur est assurée par la présence et la sérénité de ses « moniteurs ». Dans un premier temps, il a besoin de votre présence proche ; dans un second temps, il a besoin de plus d'espace vital. En le laissant marcher on participe de son processus d'individuation. Car cet acte qu'il maîtrise maintenant lui permet, lui, de choisir l'endroit où il va aller. C'est donc lui, en tant qu'individu, qui va se déterminer. Les interdits massifs en ce domaine sont autant d'éléments castrateurs pour l'accès à l'identité de l'enfant.

Il s'agit bien, ici, d'interdits massifs. Il ne s'agit pas de ces interdits nécessaires à la sécurité physique et psychique du tout-petit. Sous prétexte de favoriser sa curiosité, on ne va pas pour autant lui permettre de faire des expériences qui mettraient en péril son intégrité corporelle ou psychique. Les interdits ont un caractère sécuritaire ainsi que le remarque F. Dolto* : « L'enfant, par expérience, découvre que les interdits sont sécurisants dès lors que, s'il les transgresse, ils amènent pour lui une souffrance réelle. »

Bien évidemment, l'interdit ne doit pas être seulement injonctif : les « ne fais pas ci » ou « ne fais pas ça » ne sont pas formateurs, pas sécurisants ; ils sont uniquement castrateurs, c'est-à-dire qu'ils sanctionnent sans permettre de comprendre donc de dépasser l'épreuve. Il faut s'efforcer de dire, calmement, pourquoi et en quoi il y a danger et donner une perspective d'avenir telle que : « Quand tu seras plus grand, tu pourras peut-être faire ceci ou cela (ex. : traverser la rue tout seul). » L'interdit et l'énonciation de cette perspective ouvriront l'avenir de l'enfant tout en préservant sa sécurité. **On peut d'ailleurs considérer que tout interdit peut être formateur et dynamique s'il s'accompagne de propos qui mettent l'enfant en perspective.**

Les repères des premières années

On aura compris que le petit enfant a encore besoin de sécurité. Il a besoin de repères matériels liés à son environ-

* Françoise Dolto, *L'image inconsciente du corps*, Le Seuil, 1984.

nement. S'il n'a pas sa chambre, il a besoin d'avoir « ses » affaires à lui : vêtements, jouets, petit ameublement... ils seront autant d'éléments au sein desquels il se sentira en sécurité. En cas de déménagement ils seront alors de véritables objets transitionnels de relais : ils permettront de mieux accepter celui-ci. Plus simplement encore : en cas de souci, d'inquiétude, il pourra se réfugier parmi ses objets familiers.

Les séparations doivent toujours être soigneusement préparées et verbalisées. L'encadré ci-dessous nous dira, par exemple, de façon très concrète, comment préparer l'entrée en maternelle.

Les dix commandements de la rentrée

Reconnaissons-le : celui qui redoute le plus l'entrée en maternelle, ce n'est pas toujours l'enfant...

La première personne à rassurer, dans ce cas, c'est la maman. Car s'il y a changement pour l'enfant, il y a aussi changement pour elle, surtout si elle reste au foyer. Le petit garçon ou la petite fille qui lui tenait compagnie va désormais partager son temps avec d'autres...

Ce qu'il convient de dominer (si possible), en premier lieu, pour la maman, c'est sa propre angoisse... Trop angoissée, elle transmettra son inquiétude à son enfant et celui-ci aura des difficultés à faire sa première rentrée. Si ces difficultés à surmonter son inquiétude sont trop grandes, nous conseillons alors au papa d'accompagner le petit lors des premiers jours...

Pour ce qui concerne l'enfant proprement dit, il importe de le préparer à cette rentrée et ce, de plusieurs façons :

1) Il faut parler de l'école de façon positive : « C'est très bien l'école, tu vas avoir des camarades, tu vas t'amuser, tu verras, les maîtresses sont gentilles, tu pourras jouer dans la cour, etc. » Tous les messages positifs seront les bienvenus.

2) Il est important également de valoriser le savoir : « Plus tard, tu vas apprendre à lire ; c'est bien parce que... » Mieux : en lisant soi-même, en montrant de l'intérêt aux choses de la vie, on donne l'exemple de l'utilité, du plaisir lié au savoir.

3) Avant la rentrée on peut aller, en famille, voir l'école, montrer l'endroit où « il (elle) va devenir grand(e) » : le lieu lui paraîtra beaucoup moins étranger le jour de la rentrée.

4) Avant la rentrée toujours, les petits achats liés à celle-ci seront source de plaisir ; s'il préfère vraiment tel vêtement, on s'efforcera, pour une fois, de fermer les yeux sur « cette belle bande jaune fluo qui "embellit" (?) son pull-over ».

5) Préparer la rentrée, c'est en parler en bien, ce n'est pas non plus en parler tout le temps : c'est un événement important, certes, gratifiant, c'est vrai, mais il (elle) ne va pas faire pour autant son premier voyage dans l'espace...

6) Préparer la rentrée, c'est aussi, quelques jours avant, préparer les nouveaux horaires, l'habituer à se lever à l'heure qui sera la sienne pendant près de dix mois.

7) Le jour de la rentrée arrivé, la maman (ou le papa)

doit penser à se libérer quelques heures de façon à ce que l'intronisation se fasse dans le calme et la sérénité.

8) Si l'école a prévu un accompagnement, on souscrira, avec le sourire, à ce rituel. Si ce n'est pas le cas, on s'efforcera alors de ne pas crier au scandale... Mais il est rare que lors de la toute première rentrée le ou les parents ne soient pas admis quelques longues minutes dans les classes.

9) Il est inutile de prolonger les adieux; par contre il est utile de dire qui viendra le rechercher et à quelle heure. Il est inutile aussi de se sauver comme un voleur : les adieux qui n'en finissent pas et ceux qui sont « expédiés » peuvent révéler la même angoisse, à moins que, dans le deuxième cas, ils mettent en exergue une vraie indifférence, ce qui n'est pas, nous en sommes sûrs, le cas des parents qui nous lisent...

10) Il ou elle veut emmener son doudou? Laissez-le faire, les enseignants – qui ont tous lu Winnicott dans le texte – sont habitués...

Maîtriser le temps et l'espace

De la deuxième à la sixième année, l'enfant va apprendre à se repérer dans le temps et dans l'espace. Ainsi, à trois-quatre ans il se repère par rapport aux différents moments de la journée (matin, après-midi, soir) et à cinq-six ans il se repère par rapport aux différents jours de la semaine (demain on sera... ou hier on était...). Sa maîtrise de l'espace se confirme et il sait, par exemple, ce que plus loin, plus près, à côté, au-dessus, en dessous veulent dire à cinq ans. Ce sont autant d'éléments qu'il apprendra à travers les expériences journalières que vous ferez avec lui et qui seront verbalisées.

Il faut comprendre que ces repères sont autant de savoirs (il sait ce que signifie « être à côté de... ») que des éléments de maîtrise de son environnement : en ce sens, ils sont sécuritaires. En cas de séparation, par exemple, il sera plus « facile » de faire comprendre et de rassurer un enfant qui a des notions de temps et d'espace.

C'est au jour le jour que ces repères sécuritaires de temps et d'espace se mettent en place. En demandant simplement à un enfant de deux ans : « Tu viens à côté de moi ? », on lui apporte trois repères : un repère sécuritaire (venir à côté de soi a un côté rassurant), un repère identitaire (l'utilisation du « tu » qui peut aussi être associée au prénom de l'enfant), un repère culturel (la notion d'à côté est ainsi apprise « sans qu'il y ait de leçon »...). C'est en multipliant ce type d'interactions que l'on met en place les repères dont a besoin un enfant.

Si on lui dit, à ce petit garçon ou à cette petite fille : « Demain, nous irons chez tante Élodie », on lui apporte de nouveau deux repères : un repère dans le temps sécurisant (« demain, nous... » implique qu'il y a un projet, que demain est prévu, que ce n'est pas une inconnue et qu'il ou elle est totalement impliqué(e) dans ce projet), un repère d'appartenance (il y a « lui », il y a « nous », il y a tante Élodie qui est assez importante pour qu'on lui rende visite...).

C'est bien parce que les choses sont agies et formulées que tous ces repères se mettent en place... de façon tout à fait inconsciente et plaisante.

En psychologie scolaire il est toujours stupéfiant de voir à quel point les **enfants en difficulté sont des enfants qui ne sont pas pris dans une interaction chargée de sens.** Ce sont des enfants qui, justement, n'ont pas ce sentiment d'identité, qui sont souvent anxieux et qui ne sont pas partie prenante de la dynamique familiale. Tout se passe comme si, pour eux, ils étaient «en dehors du coup». Ce sont des enfants qui n'ont pas été acteurs dans la vie familiale : ils ont été objet et non sujet.

On peut retrouver des cas similaires pour des enfants qui ont eu des troubles auditifs qui n'ont pas été ou ont été mal détectés. Élodie s'est trouvée dans ce cas. Nous allons voir, à travers son observation, toute l'importance que peuvent avoir les interactions langagières dans la construction de la personnalité et dans l'acquisition d'un bagage préscolaire.

Élodie ou retrouver le plaisir d'échanger

Élodie n'a pas eu de chance. Pour des raisons assez obscures, le corps médical, en la personne de plusieurs spécialistes, n'a pas vraiment décelé – et en tout cas pas résolu – son problème d'audition. Car, depuis sa naissance, elle a toujours été dans un brouillard auditif assez important semble-t-il.

Ce brouillard se à cinq ans avec la rencontre d'un ORL qui, cettedissipera fois, réglera, enfin ses difficultés.

En tout cas, à cinq ans, elle a pris un retard tel qu'il est impossible de la faire passer au CP. L'équipe éducative de l'école décide son maintien en grande section. C'est au début de cette seconde année que je la rencontre pour la première fois. (Élodie est arrivée à l'école il y a un an, école sur laquelle je n'intervenais pas alors...)

Petite blonde aux yeux clairs, Élodie a un peu de mal à s'exprimer car elle parle un peu du nez. Visiblement, d'ailleurs, elle n'aime pas ça. On sent que l'exercice verbal n'est pas vraiment son exercice préféré. C'est aussi ce que note son enseignante : dans sa relation avec ses camarades. Élodie est plutôt timide, n'aime pas échanger.

Elle m'apprend qu'elle a deux sœurs et un frère, qu'elle a « des poupées, des Legos », qu'elle « regarde des livres » et qu'elle a vu *Aladin* et *La Belle et la Bête* en cassettes.

Mais, globalement, ce qui est dit est pauvre. Face à une épreuve quelque peu scolaire, de type question-réponse, elle se révèle assez performante ; mais ce n'est pas le cas dans les épreuves demandant davantage d'autonomie. Élodie, à six ans, est encore un peu dépendante ; elle n'est pas parfaitement individuée. C'est ennuyeux parce que cette prédisposition psychologique est nécessaire à la bonne acquisition des savoirs. Il est important qu'elle ait cette affirmation d'elle-même qui permet d'être réceptif : sans cela, elle aura toujours besoin de quelqu'un pour initier sa démarche ou pour l'épauler.

Cette dépendance s'explique par le fait de sa difficulté auditive qui a induit, de la part des autres membres de la famille, un peu de surprotection. Cette surprotection, bien compréhensible, n'a pas permis à la petite fille de se prendre en charge au mieux.

Par ailleurs, son problème auditif l'a empêchée d'avoir un langage performant sur la forme et sur le fond. Entendant mal, Élodie répugnait à échanger ; percevant sa difficulté elle se sentait un peu mal à l'aise, ce qui a renforcé son manque de confiance en elle.

On comprendra également que son handicap l'empêche d'avoir un bagage lexical performant, en particulier sur ce qu'on appelle les concepts de Boehm. Les concepts de Boehm sont les petits mots tels que : au-dessus, en dessous, sur, au milieu, plus loin, etc. Ces petits mots que nous employons à longueur de phrases et qui permettent de préciser la pensée. Ils se mettent en place de façon « naturelle » chez l'enfant.

Mais ces concepts se mettent en place et sont intériorisés si l'action est soulignée par le mot. Exemple : peux-tu me donner le verre qui est sur la table ? Cette phrase, banale, illustre comment le concept « sur » peut être, après plusieurs expériences, intériorisé par l'enfant. À condition, bien sûr, qu'il entende ledit concept ce qui, malheureusement, n'était pas le cas d'Élodie.

Or ce type de concept est utilisé sans arrêt à l'école, que ce soit dans les consignes données aux enfants ou dans les lectures proposées : en soi, ce seul aspect constitue un handicap relationnel verbal en même temps qu'une difficulté scolaire.

En un an plusieurs aides ont été proposées à Élodie et les progrès de la fillette ont été sensibles. Lorsque je l'ai revue, plusieurs mois après, elle avait cette fois plaisir à échanger : elle était beaucoup moins timide, moins réservée. Elle avait appris à domestiquer et l'audition et la parole... Restait encore un peu d'anxiété et de dépendance... mais un bond en avant conséquent avait été fait : Élodie pouvait désormais rentrer au CP.

On mesure bien, par cet exemple, toute l'importance d'un échange performant tant dans la quantité que dans la qualité. Si le brouillard auditif d'Élodie était dû à des causes physiologiques, d'autres enfants peuvent être dans la même brume pour des raisons psychologiques : dans les deux cas, cela a une incidence sur leurs capacités relationnelles, sur l'affirmation d'eux-mêmes et sur la richesse du bagage lexical qui est à la base de toute la culture scolaire et extrascolaire.

Du « non » au « je », identitaires...

L'identité de l'enfant continue à s'affirmer de un à six ans. Elle est mise en place auparavant par des échanges que le bébé a avec son entourage. Avec l'apparition de la parole, l'enfant devient un interlocuteur à part entière. À condition, bien sûr, qu'on lui accorde ce rôle (*cf.* le cas de Thomas, page 67).

L'utilisation du « non » de nos chers bambins est l'un des premiers éléments qui participent de cette acquisition de son identité. En refusant, en s'opposant à vous, il se distingue de vous : il s'affirme, lui et lui seul.

Il ne faut donc pas s'inquiéter de ce « non », mais bien plutôt s'en réjouir car il est signe du développement sain.

Si l'utilisation de ce « non » est systématique, elle cache sans doute un symptôme sur lequel il convient alors de s'interroger.

L'utilisation du « je » est, en général, moins inquiétante pour le(s) parent(s) car elle est moins déstabilisante. Rappelons que l'enfant sera plus à même de dire JE si on lui a dit TU, si on s'est adressé à lui en le respectant, en le considérant comme un partenaire digne d'intérêt et non pas comme un être dépourvu de pensées ou d'envies…

Les repères identitaires sont aussi les jouets et autres vêtements dont on a dit qu'ils avaient également un côté sécurisant.

… *au nous d'appartenance*

Dans les six premières années de sa vie, l'enfant s'enracine dans la société qui est la sienne. Il s'enracine dans sa famille, puis il s'enracine dans la société plus élargie. Il le fait par le biais des repères d'appartenance.

L'être humain a besoin de racines tout comme n'importe quel être végétal. La métaphore de l'arbre généalogique est là pour nous le rappeler. C'est de la solidité de celles-ci que nous retirons notre force. À l'image de Patricia Gandin* qui, dans son ouvrage *La petite fille qui boitait*, fait état de son expérience, nous apprenons que c'est en ayant connaissance de l'identité de son vrai père qu'elle a cessé de boiter. Et de dire à sa mère : « Tu as renoncé à

* Patricia Gandin, *La petite fille qui boitait*, Robert Laffont, 1996.

l'homme que tu aimais pour moisir dans une ferme. Tu m'as entraînée dans ce renoncement, dans cet enterrement, alors que, de tous mes pores, je suis comme lui. Tu me l'as choisi pour père puis tu m'as amputée, tu m'as rendue boiteuse. Tout aurait pu être différent si tu avais osé... J'aurais eu le père qui me convenait. Le mien... » On retrouve, ici, le besoin d'un repère identitaire solide, présent ou non, mais révélé et dit.

C'est la maman – toujours elle – qui va présenter à l'enfant les autres membres de la famille en les nommant : le père, les frères, les sœurs, les collatéraux. Mais la seule identité ne suffit pas. À chacun, il importe d'attacher un rôle, une histoire. Il faut, diraient les romanciers, donner une épaisseur aux personnages de façon à les rendre plus vrais, plus vivants. Ainsi, « Papa, il s'appelle Alphonse, il est parti travailler, il aura 38 ans, etc. ». Il ne s'agit pas de faire, chaque fois, la biographie du *Who's who*, mais de donner quelques détails, anodins pour vous, importants pour l'enfant.

Combien d'enfants voyons-nous qui à sept, huit, neuf ans, ne savent toujours pas ce que fait leur père ? Que représente, pour eux, ce père sans consistance ? Ce père sans épaisseur ? Quel sera le rapport de ces enfants au travail ultérieurement ? Quel rôle actif ont ces enfants-là au sein de leur famille ? Leur a-t-on jamais dit ? A-t-on considéré qu'ils ne méritaient pas de savoir ? Ou que cela n'avait aucun intérêt ? On pourrait, ainsi, multiplier les questions, mais nous sentons bien que, chaque fois, l'enfant est considéré comme un être passif et non actif. Il est objet et non sujet.

Tout cela est mieux encore si, au cours d'une promenade, le père emmène l'enfant sur le lieu de son travail et le lui montre en lui expliquant avec des mots simples en quoi consiste celui-ci... C'est ainsi que l'on crée un monde plein de sens pour l'enfant, qu'on lui donne une vie avec une consistance : il n'est pas dans une nébuleuse floue où rien n'a ni forme ni sens.

Éduquer pour appartenir

La psychanalyse nous apprend que, dans les premières années, se met en place le surmoi de l'individu. Le surmoi est cette instance psychique liée aux lois, aux règles. C'est lui qui, inconsciemment, nous donne les notions de bien et de mal. De bien et de mal en fonction d'une socio-culture particulière, bien évidemment. Cette notion ne sera pas la même selon que l'on appartient à telle époque ou à telle ethnie particulière. Pour ne prendre qu'un exemple simple : le fait d'avorter, aujourd'hui, n'est plus entaché de la même culpabilité qu'il y a seulement quelques années... sauf si les convictions personnelles liées à l'éducation et à une croyance profonde induisent celle-ci.

C'est l'éducation, ce sont les règles familiales et sociales qui mettent en place le surmoi. En disant ce qui est « bien » ou « mal », le ou les parents, d'abord, les éducateurs ensuite, mettent en place peu à peu cette instance. C'est ce que Freud nous rappelle dans son *Abrégé de psychanalyse* (*cf.* encadré ci-après).

Ce qui nous occupe dans ces pages c'est, nous l'avons souligné, le fait que l'être humain a besoin de se sentir appartenir à un groupe. Il a besoin de partager avec ce groupe et de lui apporter sa contribution. Personne n'échappe à

Freud et l'éducation

« [...] En peu d'années, le petit être primitif doit se transformer en être humain civilisé et avoir traversé, dans un temps invraisemblablement court, une immense partie de l'évolution culturelle de l'humanité. Ce phénomène est rendu possible par des prédispositions héréditaires, mais ne se réalise presque jamais sans le concours de l'éducation et de l'influence parentale. Éducateurs et parents en tant que précurseurs du surmoi restreignent, au moyen d'interdictions et de punitions, l'activité du moi et favorisent ou même imposent l'instauration des refoulements. Il convient donc de ne pas oublier non plus, parmi les causes déterminantes des névroses, l'influence de la civilisation. Le barbare, il faut bien l'avouer, n'a pas de peine à se bien porter, tandis que pour les civilisés, c'est là une lourde tâche. Le désir de posséder un moi fort, non inhibé, semble naturel, mais, ainsi que nous l'enseigne l'époque où nous vivons, cette aspiration est essentiellement contraire à la civilisation. Or, les exigences de celle-ci se traduisent par l'éducation familiale ; n'oublions pas d'insérer ce caractère biologique de l'espèce humaine – sa dépendance infantile prolongée – dans l'étiologie des névroses [...] ».

Freud, Agrégé de psychanalyse, *PUF, 1992.*

cette règle et nous appartenons tous, peu ou prou, à un groupe avec lequel nous partageons les mêmes « valeurs ».

Et le groupe auquel nous tenons le plus c'est la famille. Pour entrer dans celle-ci et être accepté par elle nous devons en accepter les règles. Avec tous les risques que cela comporte. En effet, la loi familiale peut être totalement inique et ne rien avoir de commun avec une loi juste où tout le monde est mis sur le même pied d'égalité. Le parent peut instaurer sa loi... mais il peut aussi laisser l'enfant instaurer la sienne.

Faut-il repréciser que la loi saine respecte chacun ? Qu'elle ne privilégie pas un seul membre au détriment des autres ? Qu'avec la loi saine chacun a sa place ?

L'enfant a besoin de règles, d'interdits, et c'est certainement dans les six premières années de son existence qu'ils peuvent se mettre en place. Après c'est souvent difficile. C'est, parfois, trop tard...

L'acceptation du code social, celle des règles de vie sont le laissez-passer qui permet d'être admis par le groupe. Pour notre petit enfant celles-ci ne seront acceptées que si plusieurs conditions sont réunies.

– Tout d'abord, il doit se sentir aimé, respecté, sécurisé. C'est alors qu'on pourra lui faire accepter les interdits nécessaires à son intégrité physique et psychique, mais aussi ceux qui sont liés à la liberté d'autrui. Dans ce contexte il acceptera la règle, la loi, parce qu'il sentira qu'elle n'a pas pour but de lui nuire, de le sanctionner. Il sentira que c'est grâce à elle qu'il sera aimé et respecté par le groupe-famille. Dans le cas contraire, la loi ne passera pas, car elle sera une frustration supplémentaire.

– Cette loi doit être dite, expliquée, mais elle doit être aussi montrée. À parfois trop mettre en exergue les vertus de la parole, on en oublie celles non moins négligeables de l'exemple. L'agir est au moins aussi important que le dire...

– Si elle est plus facilement mise en place dans les premières années, c'est grâce à la souplesse de l'enfant, à sa malléabilité. Il fait totale confiance à son ou ses parents et la loi que celui-ci ou ceux-ci lui donneront sera la Loi avec un grand L. Tant mieux pour lui si cette loi est saine... on ne peut que le plaindre si elle ne l'est pas. Mieux : tant mieux pour lui si cette loi est saine et qu'elle est en adéquation avec le groupe social dans lequel il entrera ultérieurement : son adaptation en sera facilitée d'autant. Dans le cas contraire, il sera rejeté, marginalisé ou, au « mieux », en grande difficulté pour s'adapter.

Les repères d'appartenance des premières années sont d'abord des repères éducatifs, car ils sont la base de la socialisation. Cela ne va pas sans quelques frustrations, mais celles-ci sont acceptées et dépassées si l'enfant trouve des satisfactions dans le fait de les avoir admises. Ces satisfactions sont le plaisir d'appartenir à un groupe, d'être soutenu et aimé par lui, et de contribuer également, par sa présence, à la solidité de ce groupe.

L'enfant et la foi

Appartenir à un groupe ce peut être adhérer à une religion et en adopter les pratiques. Ce peut être croire aux principes édictés sans forcément partager tous les rituels qui s'y rattachent.

Ce peut être un tout autre « idéal » : il peut être philosophique ou même politique. On retrouvera alors les mêmes principes : il y a l'adhérent total et l'adhérent partiel. La question que peut – et doit, d'une certaine façon – se poser le parent bienveillant est celle-ci : dois-je lui inculquer ma croyance ? Dois-je lui faire partager mon idéal ? Ai-je le droit de l'entraîner dans ce qui n'est, au fond, qu'une conviction toute personnelle ? Ma croyance et/ou ma conviction seront-elles un jour les siennes ?

Là encore on peut répondre à ces questions à condition de prendre quelques précautions liminaires. Tout d'abord il faut se débarrasser de l'idée qui veut qu'il faille « laisser faire la nature » et que l'enfant trouvera en lui l'émergence de ses désirs. C'est une idée angélique qui a fait les beaux jours de quelques rêveurs qui croyaient sans doute qu'on élève un enfant comme on élève les haricots : sur un morceau de coton hydrophile imbibé d'eau (!) ; on arrose et la graine pousse toute seule... Qui dira jamais assez les catastrophes auxquelles a mené ce libéralisme proche du laxisme sinon du je-m'en-fichisme... ? Un enfant a besoin qu'on s'occupe de lui, qu'on lui fasse partager des idées, des intérêts, des enthousiasmes. Ceux-ci ne jaillissent pas de lui comme le geyser jaillit du sol... Ils sont induits par les autres. Le tout est de ne pas en faire un otage, un prisonnier ; le tout est qu'on ait le désir d'en faire un être indépendant, responsable, libre et respectueux des autres comme il l'est de lui-même.

Vous croyez en quelque chose? Vous avez un idéal? Vous êtes convaincu de telle opinion? Alors ne vous gênez pas : faites-les partager à votre enfant. Il sera content de partager avec vous votre enthousiasme. Il sera acteur avec vous. Il sera vivant avec vous. Une seule restriction, mais de taille : elle doit toujours s'accompagner du respect de l'autre. Une croyance, un idéal, une conviction, ne doivent pas s'installer contre quelqu'un, contre un groupe, contre une autre croyance, un autre idéal, une autre conviction. Tout ce qui se construit contre quelqu'un d'autre est néfaste, destructeur. Il ne peut induire que la haine, l'intolérance, l'irrespect. Irrespect qui, de toute façon, à un moment ou un autre, se retournera contre son auteur.

C'est LA restriction majeure : «Je pense ceci ou cela, je crois en ceci ou cela, mais je comprends et je respecte celui qui pense différemment.» Cela peut être dit en ces termes, mais cela doit se traduire, au jour le jour, par nos attitudes, nos discours envers d'autres modes de pensée. Préserver le respect des autres, c'est aussi et d'abord respecter l'enfant. Votre enthousiasme ne doit pas l'envahir. Il ne s'agit pas de l'aliéner, pas plus que vous ne devez l'être... Toute aliénation est un signe d'extrême dépendance. Elle est symptomatique d'une personnalité mal affirmée, mal individuée, tellement peu sûre d'elle qu'elle est obligée de se référer – et de se soumettre – à un mode de vie ou de pensée édictés par d'autres...

Une croyance, un idéal, sont des repères sains quand ils aident l'individu, quand ils donnent un sens et du sens à sa vie, quand ils nourrissent sa pensée, quand ils préservent son identité et sa liberté individuelle.

C'est ainsi que vous laisserez votre enfant entendre d'autres opinions, d'autres croyances qui pourront éventuellement se présenter à lui. N'ayez aucune crainte, si votre foi est saine, il a peu de chances de s'en détourner car elle le fera vivre en harmonie au milieu des autres.

Si beaucoup d'adolescents ou de jeunes adultes abandonnent la religion qui leur a été apportée dans leur enfance, ce n'est pas tant parce que celle-ci était « mauvaise » que parce que l'expérience qu'ils en ont eue, théorique et pratique, ne leur apportait ni la sérénité, ni le plaisir, ni la joie de vivre, ni l'harmonie qu'elle était censée leur procurer.

Priorité aux repères hédoniques

L'homme est joueur. Son petit l'est encore plus. S'il est une période de sa vie où le jeu prend une place de choix, c'est bien la petite enfance. Le jeu est un repère hédonique capital. Car sa première fonction est d'apporter du plaisir. Plaisir lié à l'exercice des sens, du corps : marcher, courir, sauter, se rouler par terre, apportent des satisfactions plaisantes au petit qui expérimente ainsi son corps. Si les jeux des petits garçons sont réputés pour être un peu plus « violents » que ceux des petites filles, c'est peut-être en partie parce que leur masse musculaire est plus importante.

Nous sommes bien placés pour savoir à quel point les parents sont soucieux du développement intellectuel et de la réussite scolaire de leur enfant. Soyons nets : c'est d'abord en jouant que l'enfant développe son intelligence.

C'est à travers le jeu qu'il développe ses capacités d'attention, de concentration, sa capacité à s'intéresser, sa capacité à respecter les règles.

Au vrai, si le jeu est un repère hédonique essentiel, il n'est pas que cela. Mais c'est bien parce qu'il est lié au plaisir qu'il est si efficace. Bien plus que n'importe quel exercice préscolaire entrepris avec réticence et mauvaise humeur.

Plaisir lié au corps, nous venons de le dire, plaisir lié aux sens : faire du bruit, toucher des objets de texture différente, les manipuler, voir des couleurs variées, sont des sensations agréables au jeune enfant. On retrouve, ici, l'idée de donner du sens (dans l'acception « sensation ») à la vie.

Puis il va organiser tout cela, se rendre maître de situations, il va jouer au grand (au docteur, au papa et à la maman, etc.) et ce faisant il va, sans risques, faire un apprentissage de situations qu'il aura à vivre plus tard sous d'autres formes. Mais c'est bien parce qu'il les aura vécues sur un mode ludique qu'il sera, plus tard, à même de les affronter plus sereinement.

Qu'il joue donc! Les effets du jeu sont tellement multiples et sains qu'on ne peut que conseiller largement ce type de repère hédonique. Cela peut aller des jeux très simples (ballon, cache-cache, poursuites) à des jeux de société en passant par des jeux de construction, de déguisement, etc. S'il peut jouer avec d'autres (frère, sœur, camarade), les effets n'en seront que plus positifs. S'il n'a pas cette chance, efforcez-vous de temps en temps de lui consacrer un peu de votre temps, car un jouet, aussi beau soit-il, ne remplace jamais un partenaire de jeu.

Le sport? Oui, pourquoi pas. À condition qu'il soit enseigné par quelqu'un de très compétent qui saura, justement, en préserver tout l'aspect ludique en excluant totalement tout ce qui peut nuire au petit tant sur le plan physiologique que sur le plan psychologique. Rares sont aujourd'hui les éducateurs sportifs qui sont véritablement compétents pour enseigner aux enfants de moins de six ans. Il importe d'être très vigilant quant au choix que l'on peut faire dans ce domaine. Pour notre part, nous conseillons, dans le doute, de s'abstenir et de favoriser l'activité physique partagée en famille lors de promenades, de vacances ou tout autre moment de loisir. Un sport pratiqué trop tôt dans de mauvaises conditions n'a que des effets négatifs car il prend du temps à l'enfant, ce temps qu'il pourrait consacrer au jeu. Il le démotive pour une pratique ultérieure et il peut nuire à sa santé. Mieux vaut se poser la question après six ans… en restant malgré tout attentif aux mêmes conditions.

Jusqu'à six ans l'enfant continue à avoir besoin de nombreux repères apportés par l'extérieur. Dans le même temps il en intériorise un certain nombre. Ceux-là, il les a fait siens, ils contribuent à le structurer, à le rassurer à donner du sens et un sens à sa vie. Ils constituent, pour lui, une véritable charpente psychique. Cette charpente n'est pas une chape de plomb : elle est tout le contraire. Elle lui donne indépendance et liberté en même temps qu'elle le relie à des valeurs rassurantes, solides.

POUR FAIRE LE POINT AVEC...
Les repères des premières années

– Les repères sécuritaires restent prédominants même si, passées (dans de bonnes conditions) les deux, trois premières années, l'enfant a déjà acquis la capacité propre à affronter certaines situations nouvelles, à s'adapter à des repères nouveaux (l'école en particulier). On sera attentif malgré tout aux épisodes de séparation, de transition (*cf.* page 126 et suivantes).

– L'enfant intériorise ses premiers repères identitaires : il se positionne par rapport aux autres. L'utilisation du « non » et du « je » participe de cela (*cf.* page 134 et suivantes).

– Les repères d'appartenance sont liés essentiellement au groupe familial. L'enfant acquiert le sentiment d'appartenance à cette famille-là et d'y avoir une vraie place. Il n'en est ni l'esclave ni le dictateur : il est sujet au même titre que les autres. Les principes éducatifs sont là pour l'aider à comprendre les règles du jeu familial d'abord, social ensuite (*cf.* page 137 et suivantes). On peut, aussi, commencer à lui faire partager croyances et idéaux en prenant soin de ne pas l'aliéner à ceux-ci et en étant toujours attentif au respect d'autrui et de ses idées (*cf.* page 140 et suivantes).

– Les repères hédoniques sont trouvés à l'extérieur de la relation mère-enfant. Le plaisir est apporté par les jeux, les découvertes et les autres camarades principalement (*cf.* page 143 et suivantes).

V

De l'âge de « raison » à l'adolescence

Le terme n'est plus guère utilisé aujourd'hui, mais on parlait, il y a peu encore, de l'âge de « raison ». Il correspondait, globalement, à la septième année. Pour la psychanalyse, avec l'âge de « raison » commence la période de latence, période qui s'étend à peu près jusque l'âge de douze ans.

Nous rencontrons et nous observons tous les jours des enfants de cet âge ; cela nous amène à faire quelques constats. À partir de six ans (plus ou moins quelques mois, rappelons-le) tout se passe comme si le petit garçon ou la petite fille avait une conscience aiguë de son identité sexuelle. Pour lui, pour elle, c'est une véritable évolution psychique. Cette évolution n'est que partiellement consciente mais cette sensation est tellement nouvelle pour lui (ou elle) dans le ressenti qu'on peut penser qu'elle va induire des comportements nouveaux.

L'enfant sait qu'il (ou elle) est un garçon (ou une fille). Il y a la connaissance intellectuelle de ce fait (l'enfant peut le dire, le formuler), mais il y aussi toute une dimension inconsciente. Nous pourrions être un peu schématiques en disant qu'avant cette période l'enfant se sentait être un... enfant et qu'à ce moment de son existence il sait qu'il est un garçon ou une fille. C'est, pour lui, un changement de statut considérable. C'est, pour lui, une nouvelle situation anxiogène. C'est, répétons-le, l'observation et l'écoute quotidienne de centaines d'enfants qui nous amène à faire ce constat. Il est, par exemple, une observation qu'aucun clinicien ne fera jamais en cabinet et que nous pouvons remarquer en récréation : les garçons jouent entre eux de leur côté... et les filles font de même du leur. Rares sont les activités qu'ils partagent. L'écoute des enfants de cet âge nous apprend que les garçons n'ont que... des copains pendant que les filles n'ont que... des copines. Tout se passe comme si la prise de conscience de leur identité sexuelle les amenait à se rassurer au contact d'autres enfants ayant la même identité sexuelle qu'eux. Pendant la période de latence le garçon ou la fille renforce son identité sexuelle par le contact qu'il a avec des camarades du même sexe. D'une certaine façon, il ou elle « apprend » son rôle de garçon ou de fille à travers des contacts spécifiques. Il y a des jeux de « garçon » et des jeux de « fille ».

Il est aussi intéressant de constater qu'à la fin du CM2 (vers onze ans) garçons et filles commencent à se rechercher de façon maladroite. Encore une fois tout se passe comme si, une fois leur identité sexuelle affirmée et confortée par le contact avec d'autres, les garçons et les filles pouvaient à nouveau se rencontrer... Mal affirmés dans leur identité sexuelle ils se fuyaient, bien affirmés ils commencent à se rechercher. Ce qui se passe au niveau des deux sexes se passe aussi au niveau plus général des relations humaines (voir encadré page 151).

Garçons et filles, à onze ans, commencent à se rechercher en chahutant, en se poursuivant, en se taquinant : ils ne savent pas encore comment entrer en contact avec cet autre si surprenant… mais ils font les premiers essais. Il leur faudra encore quelques années pour davantage s'affirmer dans leur identité sexuelle et mieux entrer en contact avec l'autre.

Priorité aux repères d'appartenance

On le constate : la période de latence est une période où les repères d'appartenance revêtent une importance particulière. Le garçon ou la fille cherche des enfants du même sexe pour se rassurer dans son identité, dans cette identité dont il a pris conscience de façon sensible depuis peu. Il cherche des enfants partageant les mêmes goûts, les mêmes jeux, les mêmes activités. Cette recherche, elle, et surtout les causes qui la motivent sont inconscientes.

Le(s) parent(s) doi(ven)t donc être attentif(s) à cet aspect de la personnalité de l'enfant qui caractérise cet âge. Il(s) doi(ven)t respecter ce besoin qu'a l'enfant de rencontrer et de fréquenter des enfants du même sexe.

Bien évidemment, il ne s'agit pas pour le garçon ou pour la fille de se construire contre (les filles ou les garçons), mais de se construire en respectant l'autre. Il y aurait là un débat intéressant car le rapport hommes-femmes prend véritablement naissance dans la période de latence. Il ne s'agit pas de se tromper et de donner des poupées aux garçons pas plus que des voitures aux filles (à moins que l'un et l'autre en fassent expressément la demande!), mais c'est bien dans le discours et l'exemple de son(ses) parent(s) que l'enfant construira l'image de ce que doivent être les rapports entre hommes et femmes... et surtout la place de chacun dans la société humaine. Mais cette question est tellement complexe – et intéressante – qu'elle demanderait à elle seule des ouvrages entiers.

Ce que nous voulons dire, c'est qu'il faut éviter de tomber dans le travers excessif qui consiste à donner aux petits garçons et aux petites filles les mêmes jeux, les mêmes activités sous prétexte d'une pseudo-égalité des sexes. Le problème n'est pas là et ce travers est simplement le reflet d'une fausse interprétation. L'impératif à éviter est toujours le même : induire chez le petit garçon ou la petite fille une image « machiste » ou « féministe », image qui se construirait contre le représentant de l'autre sexe...

Il faut sortir du mythe du tout égalitaire, mais conforter celui du respect d'autrui : l'un relève du fantasme forcément impossible, tandis que l'autre relève d'une démarche au jour le jour, plus difficile mais plus réaliste et plus vraie. Cela n'exclut pas qu'il faille améliorer le sort de ses semblables, mais c'est d'abord en le respectant dans son individualité que nous aurons les meilleures chances d'y parvenir.

Être ouvert aux autres

Si l'adolescent est quelque peu égocentrique, c'est qu'il est en pleine recherche de lui-même, en pleine recherche d'identité. On ne peut être ouvert aux autres que si l'on est affirmé et bien avec soi-même. Des exemples ?

Le quotidien nous en offre de multiples. Ainsi, si j'ai un souci, une préoccupation majeure, je suis tout entier envahi par celui-ci ou celle-là. L'un et l'autre mobilisent toute mon attention, toute mon énergie et ne me permettent pas de m'ouvrir aux autres.

On rétorquera, ici, qu'on peut être affirmé et avoir ce type de difficulté. C'est tout à fait exact : dans ce cadre il s'agit plutôt d'un retour sur soi réactionnel. Il est donc, de ce fait, parfaitement banal et normal. Notre exemple nous permet, par contre, de comprendre ce qui se passe chez celui qui est constamment en recherche de lui-même ; cette recherche ne le laisse pas disponible aux autres.

Au vrai, l'affirmation de soi, seule, ne suffit pas pour être ouvert aux autres. On peut être parfaitement affirmé... contre les autres. L'illustration la plus spectaculaire est donnée par la personnalité mégalomane-paranoïaque. Le mégalomane a un moi fort qui s'est construit contre les autres et la société établie... et c'est bien pour cela qu'il est aussi paranoïaque dans la mesure où il se défie en permanence des autres et de la société.

Nous pourrions, une fois encore ici, faire appel à Molière et à son misanthrope (qui n'était, lui, « que » paranoïaque).

L'ouverture aux autres demande, en plus de l'affirmation de soi, un bien-être personnel, une forte sécurité intérieure. Sans cette sécurité-là, acquise, intériorisée, les risques sont grands d'utiliser ou de manipuler les autres pour l'acquérir grâce à eux... mais souvent, aussi, à leur détriment.

Qui ne connaît pas celui-ci ou celle-là qui est par exemple, persuadé d'avoir toujours raison ? De détenir, seul(e), la vérité ? Celui-ci ou celle-là essaie, par ce biais, de maîtriser sa propre angoisse face à ses multiples incertitudes, à ses multiples carences. En affirmant des vérités dont il ne veut pas démordre, il se rassure.

Cela n'est pas grave pour son entourage s'il en reste là, ça le devient lorsqu'il ajoute, à ce processus, le dénigrement systématique de ce qu'ils disent, pensent ou font qui ne soient pas exactement dans sa ligne de conduite... Dans ce cas, non seulement il n'est pas ouvert aux autres, mais il peut, s'il est dans un groupe, nuire totalement à l'harmonie et à l'efficacité de celui-ci

Cette fois, c'est l'absence de sécurité intérieure qui induit des systèmes de défense pénalisants pour l'individu lui-même ou pour ceux de son entourage.

Seul celui qui a cette sécurité-là peut être à l'écoute de l'autre et, éventuellement, lui venir en aide : sa seule présence sécurisante sera, déjà, l'aide la plus conséquente.

Des mots sur des émotions

De sept à onze-douze ans les repères sécuritaires de l'enfant sont en majeure partie intériorisés. Ce qui veut dire que, s'ils ont été mis en place dans les premières années ainsi que nous l'avons décrit, l'enfant est à même de découvrir le monde avec plus de sérénité. Il peut développer au mieux sa curiosité, s'intéresser à ce qui se passe autour de lui, à l'école…

Certes, il a toujours besoin du ou des parents, mais de façon beaucoup moins prégnante : les expériences qu'il a eues jusqu'alors lui ont donné confiance en lui, confiance en les autres. Disons que l'énergie à développer pour instaurer ce climat de sécurité est moindre… S'il ne les a pas intériorisés, il faut alors envisager avec le thérapeute une démarche réparatrice.

En revanche, cette période est tout à fait faste pour mettre en place d'autres repères d'appartenance. Ceux qui sont liés en particulier à l'histoire du pays, sa géographie et à l'éducation civique. Ici, le parent ne doit pas devenir pédagogue, mais il sera un excellent initiateur à l'histoire de la famille d'abord, du pays ensuite. L'enfant sera content de découvrir cela avec sa maman, son papa ou même ses grands-parents. Il est friand des histoires de chacun, il est content de savoir qui fait quoi et qui a fait qui et qui a fait quoi. On peut lui raconter notre enfance à nous, les grands-parents peuvent raconter la leur. Ce seront autant de fils, de racines, qui relieront le petit garçon ou la petite fille à une vie pleine de mouvements, d'anecdotes.

Quand voir un merle prend du sens

Prenons un exemple simple. Si j'ai eu la chance d'avoir un père ou un grand-père qui m'a expliqué la vie et les mœurs du merle, c'est un élément qui prendra sens chaque fois que j'en verrai un. En fonction de ce qu'il fait, de l'endroit où il est, cela prendra une signification pour moi. Je pourrai me dire : « Tiens, en ce moment, il prépare son nid; il a un bec jaune? Alors, c'est un mâle, etc. » Autour de ce fait, je pourrai peupler mon imaginaire, nourrir ma curiosité. Je le verrai siffler sur l'antenne de télévision? Je saurai que c'est ainsi qu'il marque, de son empreinte vocale, son territoire.

Si je n'ai pas eu cette chance, que va-t-il se passer? Eh bien, c'est très simple : je verrai un oiseau. Un point, c'est tout. Peut-être ne saurai-je même pas lui donner un nom. Ma « rencontre » avec le volatile se limitera à ça, n'aura pas plus de sens que cela.

Si le citadin s'ennuie à la campagne, c'est bien justement parce qu'elle n'est pas chargée de sens, de sensations : il ne voit que de l'herbe, des arbres, des insectes et quelques animaux... Celui qui a eu la chance d'être initié va voir un champ d'orge (là où le béotien ne verra qu'un champ banal) dont il sait qu'il sera moissonné en juillet et à quel moment il a été semé. Il saura que cet arbre est un acacia, que cet autre est un hêtre, et s'il a beaucoup de chance, il en saura bien davantage sur ces végétaux. Il saura que ce papillon aux ailes blanches, tachetées de points sombres est une piéride du chou dont la durée de vie est de quelques jours. Etc.

Chaque chose, chaque être sera porteur de sens, sens qui lui aura été communiqué, via la parole et la passion partagée, à un âge où sa curiosité ne demandait qu'à être satisfaite...

Cette curiosité, elle existe dès les premiers jours de la vie, mais plus on avance en âge plus on peut étendre le champ d'investigations...

On peut d'ailleurs noter que la plupart des récits d'enfance sont essentiellement axés sur cette période de la vie. Non pas qu'il ne se soit rien passé auparavant, loin de là, mais c'est à ce moment que, grâce au langage, grâce aux capacités d'analyse, on peut mettre des mots sur des émotions.

Celui qui aura sa curiosité nourrie de façon dynamique, vivante, aura toujours des centres d'intérêt dans sa vie future.

Les parents peuvent faire cela, les grands-parents peuvent également s'en charger. Un grand-père qui emmène son petit-fils au jardin et qui lui fait découvrir les secrets du potager est le meilleur des pédagogues. Une grand-mère qui racontera comment elle vivait à l'âge de sa petite-fille lui rendra un service inestimable.

C'est peut-être à cette période que l'on peut apporter au petit la majeure partie des éléments qui donneront un sens et du sens à sa vie. C'est en habillant les gens, les animaux, les choses, les événements de sens qu'ils prendront vie, qu'ils deviendront vrais. Il nous faut, ici, insister sur ces apports nécessaires à la période de latence, car c'est bien en diversifiant les centres d'intérêt de l'enfant qu'on lui donnera, pour sa vie future, les meilleurs atouts.

Un impératif : diversifier ses centres d'intérêt

Souvenons-nous de l'analyse que nous avons faite en première partie de cet ouvrage : dans dix, quinze ou vingt ans, le temps consacré à l'activité professionnelle sera moindre. Qu'on le veuille ou non, ce sera ainsi pour la majeure partie de nos enfants. Il y aura davantage de temps « libre ». Il ne sera vraiment « libre » pour eux que s'ils ne sont pas prisonniers de leur ennui. Ils ne seront « libres » que s'ils sont nourris d'activités chargées d'intérêt, de sens, de plaisir.

C'est très tôt qu'il faut penser à mettre en place ces diverses sources d'intérêt*. Celui qui entrera dans la vie adulte sans avoir été sensibilisé, sans avoir été imprégné, sans avoir été intéressé à des activités variées et plaisantes, gratifiantes, sera quelqu'un de bien diminué. Car il lui sera bien difficile alors de s'investir, seul, dans d'autres domaines que ceux de la vie professionnelle.

C'est un phénomène que nous pouvons d'ailleurs observer actuellement avec les adultes qui prennent leur retraite : ceux qui ont la retraite la plus épanouie sont ceux

* En ce sens, l'aménagement du temps de l'enfant, instauré dans certaines écoles, va dans la bonne direction.

qui avaient, avant celle-ci, des passions, des plaisirs, des activités qu'ils ont pu continuer voire amplifier une fois leur profession principale arrêtée. À l'inverse, celui ou celle qui n'avait que son activité professionnelle a les plus grandes difficultés à s'adapter à son nouveau statut.

C'est bien, dans ce cas précis, parce que les premiers avaient des repères-relais, des repères transitionnels qu'ils ont pu effectuer ce passage sans difficultés, voire avec plus de bonheur. C'est bien parce que les seconds n'avaient comme seul repère que leur activité professionnelle que le passage a été difficile, voire très douloureux…

Il est donc essentiel, pour nos enfants, de préparer cet avenir, de mettre en place ces autres repères qui leur apporteront du plaisir, qui donneront du sens et un sens à leur vie.

Les premières années de l'existence de l'enfant sont propices à ce type de sensibilisation et si les six premières années doivent voir « l'apothéose du jeu », **la période de latence est propice à la sensibilisation au sport, à la musique, à l'intérêt pour les animaux, les plantes, la nature, l'architecture, l'histoire, etc.**

Si le(s) parent(s) ou les grands-parents peuvent être et sont, dans ce domaine, les meilleurs guides, on peut également faire confiance à des tiers.

Un principe de base : **il faut faire partager le plaisir, la satisfaction, la joie** ; si nous pouvons le faire nous-mêmes, tant mieux. Si nous ne le pouvons pas, il est préférable de déléguer à des éducateurs, à des professeurs compétents et enthousiastes. C'est le plaisir qui sera, pour le petit, l'élément déclencheur principal. S'il n'y a pas de plaisir, les choses se feront dans la contrainte, la réticence et l'on ira davantage vers le dégoût que vers l'élan, la motivation.

Déléguer à quelqu'un le rôle d'initiateur n'ôte pas au(x) parent(s) une participation active indirecte. Ainsi, on ira assister, de loin en loin, aux compétitions sportives ; on s'intéressera à la progression de l'enfant ; en un mot : on s'intéressera à son activité, de quelque nature qu'elle soit. Nous n'y connaissons rien nous-mêmes ? Eh bien, demandons-leur de nous apprendre ce qu'ils savent, eux.

Il ne s'agit pas de tomber dans l'excès d'activité ou de centres d'intérêt, car l'excès ne peut induire que la superficialité et il est, nous le savons, aussi néfaste que l'absence totale. Le trop est aussi nuisible que le trop peu.

N'oublions pas davantage que si les intérêts culturels sont importants, l'intérêt affectif l'est tout autant. L'histoire de la famille, nous l'avons souligné, fait partie de celui-ci.

Cette diversification précoce des intérêts est un élément nouveau et capital de l'éducation d'aujourd'hui. C'est un élément clé car l'activité professionnelle perd et perdra son statut de repère majeur. C'est et cela restera un repère important, mais il faut penser, dès aujourd'hui, à reconnaître et gratifier d'autres repères et, en particulier, les repères affectifs, les repères culturels, les repères hédoniques. Cela se fera à travers la sensibilisation, la pratique, mais aussi à travers le discours. Il est important que nos enfants entendent, dès aujourd'hui, qu'avoir du travail c'est bien, mais que s'intéresser à la peinture, à la sculpture, à la musique, aux animaux, c'est aussi très bien, c'est aussi très important ; de la même façon on lui dira que s'intéresser à ses semblables l'est tout autant. Il n'y a pas un ou des bons repères : tout repère est positif dans la mesure où il structure l'individu, le sécurise, donne un sens et du sens à sa vie et où il respecte les autres... Ce type de repère en fait un acteur de la vie sociale qui lui apporte autant qu'il lui donne soutien, élan, satisfaction, plaisir et qu'il contribue à son évolution.

La puberté, l'adolescence

Curieusement, la psychanalyse ne s'est pas ou très peu penchée sur cette période pourtant si importante dans le développement de l'être humain. L'adolescence se caractérise par la remise en question de tous les repères. Parce que son corps se modifie, parce que sa capacité intellectuelle évolue toujours, parce que son rapport aux autres change, l'adolescent vit une période difficile.

Difficile pour tous. Pour l'adolescent(e) en premier lieu, pour son ou ses parents ensuite.

Parlons d'abord des seconds. Ils avaient un petit garçon ou une petite fille qu'ils connaissaient bien ou, du moins, qu'ils croyaient connaître. Et puis ce petit garçon et cette petite fille se transforment : ils ont, devant eux, un jeune homme ou une jeune fille qui exprime des revendications, qui affirme des convictions, qui s'oppose à d'autres, qui, en un mot, n'est pas celui ou celle qu'ils croyaient si bien connaître. Ce changement est d'autant plus déconcertant pour le parent que celui ou celle qui revendique haut et fort son indépendance redevient, de temps à autre, un enfant. Il a besoin de câlins, de se confier, de demander : de nouveau il redevient – très ponctuellement – dépendant. On a compris que cette attitude régressive était le résultat d'une défense face à l'angoisse. Face à ce qui bouge, face à cette évolution rapide on a envie, de loin en loin, d'un retour à une base de sécurité antérieure. Quoi qu'il en soit l'adolescence déconcerte les parents. Y compris les plus prévenus. Car cette ambivalence qui caractérise cette période est un peu désarmante. Et si le changement inquiète le jeune homme ou la jeune fille, il inquiète tout autant ses parents.

L'adolescent quitte ses repères d'enfant pour accéder à des repères adultes. Et c'est très bien ainsi car, à l'issue de cet épisode, il sera lui-même une personnalité originale, différente de nous et des autres, et c'est cette originalité, cette différence qui est facteur d'évolution de l'espèce humaine.

Les repères de l'adolescence

En fait, cette phase si particulière du développement se caractérise par la prise de conscience qu'il y a soi qui change jour après jour, qu'il y a sa famille et qu'il y a le monde qui nous environne.

Ce changement (de morphologie, de physiologie, de rapport aux autres...) est si étonnant, si soudain qu'il angoisse. L'adolescent(e) quitte un corps qu'il (elle) maîtrisait pour un autre dont il ne voit pas très bien la finalité, il quitte un rapport à son entourage pour un autre dont il ne sait pas très bien à quoi il va le mener...

Pour se rassurer face à ces énigmes angoissantes, il va chercher des repères extérieurs à la famille, il va chercher des repères auprès de ses semblables, auprès aussi de chanteurs, d'acteurs de cinéma, de sportifs ou de professeurs particulièrement admirés (*cf.* le film *Le Cercle des poètes disparus*). Cette recherche sera d'autant plus frénétique s'il (elle) n'a pas chez lui l'écoute, la bienveillance dont il a pourtant besoin... bien qu'il s'en défende.

L'adolescence est un passage et ce passage se fait en général avec d'autres (le bon copain ou la bonne copine, ou la bande de copains ou de copines). Avec d'autres, qui partagent les mêmes angoisses, on se sent moins seul. Il y a là une recherche de repères d'appartenance et sécuritaires hors du milieu familial ; il y a aussi une recherche de repères identitaires à travers des modèles extérieurs. Là où la famille apportait ces repères, c'est à l'extérieur que l'adolescent(e) les cherche.

La plus grosse difficulté pour le(s) parent(s) est de l'accepter. C'est accepter également de ne plus être le référent majeur pour l'enfant. Au vrai, la difficulté pour le parent est également d'accepter que, lui aussi, change de statut dans ce rapport avec celui qui reste son fils ou sa fille, mais qui n'est plus son enfant.

Ses fréquentations ? Que le parent se rassure : elles ne seront malsaines que si l'enfant n'a pas trouvé auparavant chez lui sa place. Elles seront négatives si on a totalement étouffé sa personnalité, si on ne lui a pas donné la parole... si l'enfant n'a pas eu la place qu'il devait avoir jusque-là.

Sa mode vestimentaire ? Elle fait partie des repères d'appartenance dont il a besoin. Elle ne correspond pas à nos goûts (et parfois nos couleurs ?). Qu'importe ! L'essentiel n'est pas là. Chaque génération d'adolescent a sa vêture propre : cela a toujours été et cela sera toujours. Car, on l'a compris désormais, le besoin de ce garçon ou de cette fille est de se distinguer du monde de l'enfance et de celui des adultes, mondes qu'il « rejette » momentanément l'un et l'autre.

Son opposition ? Elle peut être active et vindicative ou passive. Le premier sera véhément pendant que l'autre sera rêveur ou « ailleurs »... C'est sa façon à lui, ou à elle, de se démarquer. Ce n'est pas vous, fondamentalement, qui êtes remis en cause à ce moment-là : c'est plutôt ce que vous représentez en tant qu'adulte. L'adolescent, parce qu'angoissé, a tendance à être un peu entier. Il n'accepte pas ou peu le compromis, la demi-mesure : ses idéaux sont à la mesure de ses angoisses... Il a forcément et normalement envie de changer le monde puisqu'il ne se sent pas parfaitement bien dans celui-ci.

L'erreur serait de prendre cela avec hauteur ou avec ironie car, à travers tous ses faits et gestes, le garçon ou la fille expriment de vraies inquiétudes, de vraies interrogations. Ils ont besoin d'être entendus, d'être écoutés et d'être respectés.

L'erreur serait aussi de « jouer au copain ». L'adolescent(e) n'a pas besoin de vous pour ça. Ses copains et ses copines, il les trouvera à l'extérieur. Il a besoin de vous comme parent avec tout ce que cela comporte de sécurité et de « fiabilité ». Il a besoin de pouvoir toujours compter sur vous, de pouvoir se reposer sur vous. Le copain et la copine représentent l'aventure, l'ailleurs, mais tout aventurier a besoin d'un endroit pour poser son sac...

L'important est, justement, de le respecter, de conserver un dialogue, d'être là. Une fois encore, il ne s'agit pas de tout permettre comme de tout entendre : il faut savoir, simplement, que l'espace de liberté de l'adolescent est beaucoup plus vaste qu'auparavant. Mais tout permettre ou tout interdire ne ferait que renforcer une angoisse déjà trop présente.

« Crise » d'adolescence d'hier et d'aujourd'hui

Aujourd'hui il semblerait que l'on connaisse des « crises » d'adolescence moins spectaculaires qu'autrefois. On peut faire l'hypothèse que c'est parce que le statut de l'enfant a changé que ces « crises » ne sont plus aussi importantes. C'est, peut-être, parce que l'enfant est très vite considéré comme un sujet (et non plus un objet, comme jadis) qu'il n'exprime plus avec autant de véhémence les revendications qui étaient les siennes. Le statut était tel que, pour accéder à l'état adulte, il fallait « briser les chaînes » avec, parfois, une certaine violence. Lorsqu'elles existent encore sous cette forme, c'est peut-être parce que l'enfant n'a pas été suffisamment sécurisé, individué et qu'il a été soumis à plus d'interdits que d'autorisations. Cela dit, si la « crise » d'adolescence n'est plus aussi spectaculaire, elle existe toujours. Et heureusement. Elle est une phase normale et nécessaire du développement. Comme toutes les phases, elle se négociera au mieux si l'adolescent a connu auparavant des stades de développement globalement harmonieux.

Si l'adolescence se caractérise par le fait que le jeune homme ou la jeune fille va chercher à l'extérieur bon nombre de repères, il en a fait siens une certaine quantité. Si ceux-ci ont été vrais, s'ils lui ont apporté la sécurité dont il avait besoin, s'ils lui ont donné une identité forte, s'ils l'ont inscrit, de façon saine, dans une histoire familiale et si on lui a donné maintes sources de satisfactions et de plaisir, il est prêt à affronter ce nouvel épisode. Cet épisode, c'est vrai, est difficile. Comme est difficile tout épisode de développement, d'évolution.

Et maintenant ?...

Nous l'avons démontré tout au long de ces pages : le monde a changé, le monde change. Les repères qui étaient les siens depuis des décennies, voire des siècles, ont été ou sont remis en cause. Qu'il s'agisse de la famille, de l'éducation, du travail, des croyances, des idéaux, tous sont remis, peu ou prou, en question.

Depuis des générations, ces repères étaient autant de balises et de poteaux indicateurs qui structuraient les individus et donnaient un sens et du sens à leur vie. Ils étaient d'autant plus forts qu'ils n'avaient jamais été remis en question. Ils portaient tous en eux, dans leurs domaines respectifs, des vérités établies et solides puisque jamais remises en cause...

L'évolution de la société, l'élévation du niveau de culture individuel, l'ouverture au monde via les réseaux de communication et d'information ont sérieusement mis à mal ces vérités établies. Ce qui était « vrai » et l'avait toujours été le devenait soudain un peu moins, voire parfois, plus du tout.

Ne nous lamentons pas : force nous est de constater que ces repères-vérités avaient leur raison d'être... à leur époque. Ils étaient nécessaires et suffisants dans le contexte socio-culturel qui était le leur. C'est évident : ils ne le sont plus aujourd'hui pour des raisons qui, à elles seules, demanderaient de très longs développements.

Il faut savoir en outre qu'ils étaient quelque peu simplistes, artificiels et superficiels. On éduquait ou l'on insufflait des croyances de façon mécaniciste. Ainsi, par exemple, l'enfant devait ou ne devait pas faire ça « parce que c'était comme ça... » et que, bien souvent, il « n'avait pas droit à la parole... ». L'enfant avait surtout des devoirs et pas de droits. Soit il se soumettait, soit il se révoltait, mais son accès à une véritable indépendance, à une véritable identité et à un véritable statut d'adulte (au sens psychologique c'est-à-dire capable de s'affirmer, seul, sans en référer ou sans se référer à quelqu'un... tout en respectant les autres) était, souvent, fort compromis.

Ce que nous voulons dire, c'est que notre monde est en train de devenir adulte. Enfin ! Lorsque nous croyons, ce n'est plus parce qu'un tel l'a dit et écrit, c'est parce que nous y avons réfléchi et que nous avons compris et analysé le fait que les principes qui sous-tendent cette croyance étaient positifs pour nous et pour les autres. Parce que nous avons compris qu'ils pouvaient, d'une certaine façon, nous rendre meilleurs, mieux avec nous-mêmes, mieux avec les autres. Nous le faisons, désormais, parce que nous le décidons, par choix délibéré et non plus parce que cela nous a été imposé...

Nous savons, désormais, que les notions de bien et de mal sont des notions relatives et que, si la société a besoin de juges, nous pouvons, nous, humains, comprendre d'autres êtres humains. Nous allons vers la tolérance... et c'est pour ça que, dans un réflexe de régression, certains se replient sur une intolérance massive…

Chacun connaît la phrase de Malraux qui disait que le XXIe siècle serait spirituel ou ne serait pas*. Il avait peut-être raison. Cela dépend uniquement de nous. Parce que le monde et ses repères changent, il est source d'angoisse et d'anxiété. D'où la tentation de certains de se réfugier dans l'autoritarisme, l'intolérance ou dans des lieux dans lesquels ils se sentent en sécurité et exister. Le problème, que nous avons maintes fois soulevé, c'est que certains individus ou groupes sans scrupules ont bien compris la fragilité de leurs semblables. Tels des miroirs aux alouettes, ils leur proposent des idéologies, des sectes ou des produits qui leur donnent une fausse sécurité, une fausse identité, une fausse appartenance et de faux plaisirs. Faux parce qu'ils ne sont plus des individus à part entière, libres de leurs choix et qu'ils sont aliénés à une ou des personnes, à des doctrines ou à des groupuscules pervers soucieux seulement d'une puissance ou d'un pouvoir personnels. Faux aussi parce que, la plupart du temps, sinon toujours, les repères malsains sont édifiés contre les autres (telle race, la famille ou la société). Et ce qui se construit contre les autres est générateur de haine et de destruction…

Le monde change et c'est angoissant. Mais, répétons-le, le monde devient adulte. Nous sommes, en termes d'évolution mondiale, en pleine crise d'adolescence. Nous prenons conscience que ce qui avait été dit et prôné jus-

* Elle lui est attribuée… mais il ne l'aurait jamais dite.

qu'ici n'est pas tout à fait aussi juste et aussi vrai que ce qu'on nous disait.

De ce constat nous pouvons tirer deux conclusions. La première est liée aux idéaux religieux et politiques. Il importe désormais que les responsables religieux et politiques modérés (et, avant tout, respectueux d'autrui) prennent conscience du rôle qu'ils ont désormais à jouer. Ce n'est qu'en diffusant un message fort, perceptible par le plus grand nombre et adapté qu'ils redonneront à des millions d'individus fragiles des raisons d'espérer et de croire. Condamner les sectes ou les partis extrémistes est nécessaire, mais il est, de loin, préférable de proposer un vrai message, crédible, porteur d'espoirs et responsable dans lequel bon nombre se reconnaîtront. À ces mots, à ces discours, à ces messages porteurs d'espoirs, il convient aussi d'y adjoindre l'exemple, la justice... Il ne s'agit pas de répondre à l'intolérance par l'intolérance, mais bien de proposer d'autres modèles : à chacun des responsables politiques et religieux modérés d'y réfléchir sereinement et rapidement.

Notre seconde conclusion est celle-ci. Face à ce monde aux repères déstabilisés, il importe au(x) parent(s) de donner à leur(s) enfant(s) de solides repères. Ces repères qu'ils vont, dans un premier temps, apporter à l'enfant, celui-ci les fera siens. Il se les appropriera, les intériorisera et ils constitueront sa charpente psychique. Avec ces repères-là il pourra, avec un maximum d'atouts, affronter ce monde en mutation.

Car tel a été notre pari : donner aux parents les pistes de réflexion, les conseils parfois, qui leur permettront d'apporter à leurs enfants les repères dont ils ont absolument besoin.

Ces repères, nous les avons largement développés dans ces pages. Il s'agit des repères sécuritaires, identitaires, d'appartenance et hédoniques. Apportés à l'enfant tout au long de son développement, ils vont lui permettre d'affronter le présent et l'avenir avec sérénité et détermination. Les repères du monde ont changé, mais certains repères fondamentaux sont essentiels et le seront toujours pour l'enfant.

Ce qui importe, à nos yeux, ce n'est pas tant de préserver l'enfant des embûches qui forcément se présentent et se présenteront à lui (c'est, nous le savons, impossible), c'est de lui donner un maximum d'atouts pour qu'il puisse surmonter et dépasser ces embûches. Si le monde change, nos enfants en seront demain les acteurs. À nous de les aider à affronter et améliorer ce monde-là. Comme nous le faisons, nous, dans notre monde d'aujourd'hui. Car, de tout temps et pour toujours, telle est ou devrait être, l'ambition de l'homme…

TABLE

DANS LA MÊME COLLECTION

Quels repères donner à nos enfants dans un monde déboussolé ?
Jean-Luc Aubert

Du berceau à l'école – Les chemins de la réussite
Jean-Luc Aubert

Une autre école pour vos enfants – Les pédagogies différentes
A. Baudemont / L. Alcoba

Petits tracas et gros soucis de 1 à 7 ans – Quoi dire, quoi faire
Christine Brunet / Anne-Cécile Sarfati

Papa, Maman, laissez-moi le temps de rêver !
Etty Buzyn

Adolescences à problèmes – Comprendre vos enfants pour les aider
Dr Patrick Delaroche

Parents, osez dire non !
Dr Patrick Delaroche

La vérité sort de la bouche des enfants
Nicole Fabre

Il était une fois le bon Dieu, le Père Noël et les fées – L'enfant et la croyance
Dominique Gobert

Notre enfant d'abord – Du divorce à la médiation familiale
Muriel Laroque / Marie Théault

Le Chemin de l'adoption – Le cœur et la raison
Jean-François Mattei

Papa, Maman, dites-moi pour de vrai !
Gérard Sévérin

Un bonheur est si vite arrivé – Seul, en couple, en famille
Gérard Sévérin

Aux risques de l'adolescence
Gérard Sévérin

Nos enfants sont-ils heureux à la crèche ?
Anne Wagner / Jacqueline Tarkiel

Cet ouvrage a été composé par Palimpseste, Paris.
Reproduit et achevé d'imprimer sur Roto-Page
par l'Imprimerie Floch à Mayenne,
pour les Éditions Albin Michel
en février 1998.

N° d'édition : 17389. N° d'impression : 43227.
Dépôt légal : février 1998.
Imprimé en France.